ORTOGRAFÍA
PRÁCTICA
ESPAÑOLA

COMPENDIOS VOX
DE DIVULGACIÓN FILOLÓGICA

SAMUEL GILI GAYA

1
ORTOGRAFÍA PRÁCTICA ESPAÑOLA

NOVENA EDICIÓN

NOVIEMBRE 1981

BIBLOGRAF

Calle Calabria, 108 - BARCELONA-15

© SAMUEL GILI GAYA

Impreso en España - Printed in Spain

ISBN 84-7153-255-7

Depósito Legal: B. 34.511-1981

INELVASA
Paseo de Carlos I, 142 - Barcelona-13

NOTA PRELIMINAR

Redactamos estos capítulos a sabiendas de que la utilidad de las reglas ortográficas es muy limitada. La buena Ortografía, como la buena pronunciación, es un conjunto de hábitos que no se adquieren más que con el ejercicio. En el hombre que tiene costumbre de leer y escribir, la imagen gráfica vive asociada a la imagen acústica de la palabra; y en la firmeza con que se logre esta asociación consistirá el éxito de los métodos empleados para la enseñanza de la Ortografía. Por esta razón los ejercicios prácticos, cuidadosamente escogidos, tienen en las presentes páginas lugar preferente. En ellos se han evitado las palabras raras, los tecnicismos sólo usuales entre especialistas y, en general, todo lo que por no reflejar la lengua corriente hablada y escrita, sobrecarga inútilmente la memoria del principiante. En cambio, se ha procurado dar ocasión a que el lector emplee una gran parte del léxico y de las formas verdaderamente usuales.

El mismo criterio se ha seguido en la teoría ortográfica. Se recogen sólo las normas que por su carácter más o menos general pueden ser de alguna utilidad. En los casos particulares, es más rápido aprender por el uso la grafía de cada palabra, que acumular reglas y excepciones sin valor científico ni eficacia práctica. El carácter popular de este libro impide toda fundamentación etimológica. Alguna vez, sobre todo cuando la grafía de un vocablo depende de su función gramatical, acompañan a las normas ortográficas las explicaciones gramaticales suficientes, aunque expuestas siempre en forma asequible a lectores poco iniciados en Gramática.

La Real Academia Española imprimió en 1952 unas Nuevas Normas de Prosodia y Ortografía, a manera de tanteo, con la advertencia de que no habían de considerarse definitivas hasta tanto que aquella Corporación las incorporase a su Gramática y a su Diccionario. Al publicar las Nuevas Normas para darles carácter preceptivo (1959), la Academia modificó o retocó algunas reglas ortográficas entre las propuestas en las Normas de 1952. En 1969 publicó una edición de su Ortografía, que reúne el texto tradicional y las nuevas normas, con ligeros retoques sugeridos en los Congresos de Academias de la Lengua Española. Nuestro Compendio ha ido recogiendo estos cambios en sus ediciones sucesivas, a fin de reflejar en todo momento la Ortografía oficial vigente.

1. Uso de las letras

Las letras sirven para representar los fonemas con que pronunciamos las palabras.* Ahora bien, no todos los que hablamos español pronunciamos exactamente igual. Notamos diferencias, por ejemplo, entre andaluces, castellanos, aragoneses, argentinos o cubanos, en cuanto a la manera de pronunciar algunos fonemas; y, sin embargo, todos escribimos del mismo modo. Esto quiere decir que con las letras del abecedario representamos sólo aproximadamente los fonemas que pronunciamos. Pero, como todos debemos escribir las palabras de la misma manera necesitamos seguir ciertas reglas, iguales para todos, que nos digan qué letras tenemos que usar en los casos dudosos.

Por otra parte, hay letras que representan el mis-

---

* Se da el nombre de *fonema* al sonido que de un modo consciente y diferenciador pronuncian los hablantes. El conjunto de *fonemas* forma el *sistema fonológico* de cada lengua.

mo sonido, por ejemplo la *g* en la palabra *colegio* y la *j* en la palabra *rojizo,* sin otra razón que la costumbre tradicional de escribir así una y otra palabra; la *c* en la palabra *cielo* y la *z* en la palabra *zorro.*

Las letras **a, e, i, o, u,** se llaman **vocales.** Las demás letras del alfabeto son **consonantes.** La *y* a veces es vocal y a veces consonante; por ejemplo, en *vas y vienes* es vocal, en *mayo* es consonante.

Dentro de cada palabra observamos agrupaciones de sonidos que se llaman **sílabas.** Por ejemplo, *mesa, rubio, cantaba, obrero,* se dividen en sílabas del siguiente modo: *me-sa, ru-bio, can-ta-ba, o-bre-ro.* Observemos que en toda sílaba hay por lo menos una vocal.

Todos tenemos espontáneamente el sentido de la división silábica; pero en la lengua escrita son necesarias algunas normas que se expondrán en el capítulo siguiente.

EJERCICIO

Divídanse por sílabas las siguientes palabras:

libro	peine	encontrábamos
lápiz	anzuelo	mecánico
tintero	guapo	literatura
árboles	airecillo	comparación
encontré	resistencia	regularidades
dijeron	Asia	impresor
tapete	América	Europa
tienes	velocidades	aurora

EMPLEO DE LAS LETRAS MAYÚSCULAS:

Se escriben con letra inicial mayúscula :

1.º La primera palabra de un escrito y la que vaya después de punto.

2.º Todos los nombres propios : *Antonio, María, González, Pirineos, Antillas, Duero, Venezuela, Madrid, Cantábrico, Rocinante.* También se escribirán con mayúsculas los calificativos que de un modo constante acompañen a un nombre propio, como *Alfonso el Sabio, Jaime el Conquistador, Castilla la Vieja.*

3.º Los atributos de Dios (*Creador, Salvador, Redentor*); títulos de dignidad o autoridad y los colectivos que significan entidades o corporaciones, como *Jefe del Estado, Presidente de la República, Príncipe de Gales, Sumo Pontífice, Real Academia Española, Diputación Provincial, Escuela de Comercio, Museo de Pintura.*

4.º Los tratamientos, especialmente cuando están abreviados : *Sr. D. (Señor Don), S. E. (Su Excelencia), Ud. o V. (usted).* La palabra *usted* no debe llevar mayúscula cuando se escribe con todas sus letras.

5.º Los números romanos : *Pablo VI, Luis XIV, siglo XVI, capítulo V, tomo II.*

6.º En los documentos oficiales suelen escribirse con mayúscula las palabras que indican autoridad o cargo : *Gobernador, Ministro, Alcalde, Juez, Secretario.*

7.º Los nombres y adjetivos que forman el título de un libro : *Elementos de Historia Natural, Manual de Geografía, Episodios Nacionales, Código Civil.*

Sin embargo, en los títulos que no contengan nombres propios, es frecuente escribir sólo con mayúscula la primera palabra: *La vida es sueño, Narraciones peruanas, Episodios nacionales, Entre bobos anda el juego.*

8.º La palabra que sigue a la fórmula de cortesía con que suele empezar una carta, como *Muy Sr. mío: Acabo de recibir su atenta del... Mi querido amigo: Deseaba escribirle desde Bilbao... Estimado colega: De acuerdo con...*

Cuando después de dos.puntos se citan palabras textuales, por ejemplo: *Dice el refrán: Haz bien, y no mires a quien.*

En los demás casos en que se emplean los dos puntos, puede comenzarse con mayúscula o con minúscula.

9.º Es frecuente, pero no indispensable, escribir con mayúscula la primera letra de cada verso. En la poesía moderna es muy usual encabezar los versos con minúscula.

10.º La Academia recomienda que se escriban con minúscula inicial los nombres de los días de la semana, de los meses, de las estaciones del año y de las notas musicales, a no ser que encabecen párrafo o escrito, o formen parte de un título.

11.º Cuando haya que escribir con mayúscula alguna palabra que empiece por las letras dobles *ch* o *ll*, sólo se traza con mayúscula la primera de las dos letras. Así se escribirá: *Chiclana, Chapultepec, Llorente* y no *CHiclana, CHapultepec, LLorente.*

La letra mayúscula en palabras o frases enteras sólo se emplea en lo impreso o en inscripciones, para dar realce a lo que se quiere expresar, o por motivos artísticos.

Dictado:

Querido y venerado maestro : Hace cuatro días que llegué con toda felicidad a este lugar de mi nacimiento, donde he hallado bien de salud a mi padre, al señor Vicario y a los amigos y parientes. El contento de verlos y de hablar con ellos después de tantos años de ausencia, me ha embargado el ánimo y me ha robado el tiempo, de suerte que hasta ahora no he podido escribir.

V. me lo perdonará.

Como salí de aquí tan niño y he vuelto hecho un hombre, es singular la impresión que me causan todos estos objetos, que guardaba en la memoria. Todo me parece más chico, mucho más chico, pero también más bonito que el recuerdo que tenía.

(J. Valera, Pepita Jiménez.)

Me parece que fue al anochecer del 18 cuando avistamos a Zaragoza. Entrando por la puerta de Sancho oímos que daba las diez el reloj de la Torre Nueva.

Éramos cuatro los que habíamos logrado escapar entre Lerma y Gogollos, divorciando nuestras inocentes manos de la cuerda que enlazaba a tantos patriotas. El día de la evasión reuníamos entre los cuatro un capital de once reales ; pero después de tres días de marcha, y cuando entramos en la metrópoli aragonesa, hízose un balance y arqueo de la caja social, y nuestras cuentas sólo arrojaban un activo de treinta y un cuartos. Compramos pan junto a la Escuela Pía y nos lo distribuimos.

Don Roque, que era uno de los expedicionarios, tenía buenas relaciones en Zaragoza ; pero aquélla no era hora de presentarnos a nadie. Aplazamos para el día siguiente el buscar amigos, y como no podíamos alojarnos en una posada, discurrimos por la ciudad buscando un abrigo donde pasar la noche.

Recorrimos el Coso desde la casa de los Gigantes hasta el Seminario ; nos metimos por la calle Quemada y la del Rincón, ambas llenas de ruinas, hasta la plazuela de San

Miguel, y de allí, pasando de callejón en callejón y atravesando al azar angostas e irregulares vías, nos encontramos junto a las ruinas del monasterio de Santa Engracia, volado por los franceses al levantar el primer sitio.

(PÉREZ GALDÓS, *Zaragoza*.)

Romance del conde Arnaldos

¡Quién hubiese tal ventura
Sobre las aguas del mar,
Como hubo el conde Arnaldos
La mañana de San Juan!
Con un falcón en la mano
La caza iba a cazar.
Vio venir una galera
Que a tierra quiere llegar.
Las velas traía de seda,
La jarcia de un cendal.
Marinero que la manda
Diciendo viene un cantar
Que la mar facía en calma.
Los vientos hace amainar,
Los peces que andan nel hondo
Arriba los hace andar,
Las aves que andan volando
Nel mástel las faz posar.
Allí fabló el conde Arnaldos,
Bien oiréis lo que dirá:
—Por Dios te ruego, marinero,
Dígasme hora ese cantar.
Repondióle el marinero,
Tal respuesta le fue a dar:
—Yo no digo esta canción
Sino a quien conmigo va.

Todos los versos están encabezados con mayúscula. Escríbanse con minúscula, poniendo sólo mayúscula cuando el sentido lo pida.

B, V, W

En la casi totalidad de los países hispánicos la pronunciación de *v* se confunde desde antiguo con la de la *b*. Escribir con una u otra letra depende generalmente del origen de la palabra, y a veces sólo del uso tradicional, aun en contra de la etimología. Por esta causa es necesario dar algunas normas que faciliten su empleo correcto.

REGLAS PARA EL EMPLEO DE LA B:

1.ª Se escriben con *b* los infinitivos con los sonidos finales *bir* y todos los tiempos de estos verbos. Ejemplos : *escribir, recibir, percibir, concebir, recibíamos, escribirás, percibimos, concibo.*

Se exceptúan *hervir, servir, vivir* y sus compuestos, como *revivir, convivir.*

2.ª Los verbos *beber* y *deber: bebisteis, deberemos* y todos los tiempos de los verbos *caber, haber* y *saber* que tienen sonido de *b*, como *cabía, hubo, sabemos.*

3.ª Las terminaciones *ba, bas, ba, bamos, bais, ban* de los pretéritos imperfectos de indicativo correspondientes a los verbos de la primera conjugación : *cantaba, fumabas, engañaba, estábamos, comprabais, esperaban.*

4.ª El pretérito imperfecto de indicativo del verbo *ir:*

iba	*íbamos*
ibas	*ibais*
iba	*iban*

5.ª Las palabras que principian con los sonidos *bibl* o con las sílabas *bu, bur* y *bus: biblioteca, bibliografía, buque, bula, burlar, burdo, buscar.*

6.ª Los acabados en *bundo, bunda* y *bilidad* (con excepción de *movilidad* y *civilidad*) : *nauseabundo, tremebundo, abunda, posibilidad, probabilidad.*

7.ª Todas las palabras que terminen en el sonido de *b: rob, nabab, Jacob, querub.*

8.ª Toda palabra en que la *b* vaya delante de otra consonante: *flexible, favorable, brazo, blusa, obtener, obligar, abdicar, subvención, subsistir.*

REGLAS PARA EL EMPLEO DE LA V:

1.ª Después de la sílaba *ad: adversario, advertencia, advenimiento, adviento.*

2.ª Las palabras llanas terminadas en los sonidos *ava, ave, avo, eva, eve, evo, iva, ivo: octava, grave, esclavo, nueva, leve, longevo, decisivo, activo.*

3.ª Los presentes de indicativo, imperativo y subjuntivo del verbo *ir: voy, ve, vayamos, vayan.* El pretérito indefinido, el pretérito imperfecto y el futuro de subjuntivo de los verbos *estar, andar, tener* y sus compuestos : *estuve, anduviste, tuvo; estuviese, anduviera, tuvieseis; estuviere, anduvieres, tuviéremos; retuve, sostuviera, mantuviese.*

4.ª Las voces compuestas que comienzan con la palabra *vice: vicepresidente, vicecónsul.*

5.ª Los terminados en *viro, vira* y en *ívoro, ívora;* como *triunviro, Elvira, herbívoro, carnívora. Víbora* se escribe con v inicial y *b* intermedia.

Fuera de las reglas anteriores, el uso de *v* o *b* no tiene otra guía que el conocimiento particular de cada palabra. Depende de cómo se escribía en latín o de la tradición escrita de nuestro idioma. Por ello damos a continuación una lista de palabras usuales a fin de que el lector practique su escritura y se acostumbre al uso correcto.

EJERCICIO

Compónganse frases con las siguientes palabras, procurando usar diferentes tiempos de los verbos, y los femeninos y plurales de sustantivos y adjetivos cuando haya lugar a ello:

abeja	dividir	valer
abogado	embobado	valor
abollar	enviar	velar
abrir	envolver	ver
amable	invierno	verdad
batalla	labor	vestido
bicicleta	llevar	vez
bien	mover	vida
bípedo	navegar	viento
boca	novedad	vino
blusa	nuevo	virtud
bonito	renovar	volcar
bracear	revuelto	voluntad
bueno	sobre	volver
cueva	trabajo	voz
curva	turbar	vuestro

Nótese que las palabras compuestas y derivadas deben escribirse con *b* o con *v* según tengan una u otra letra las voces originarias. Así, por ejemplo, *contrabando* (de *contra* y *bando*); *sobrellevar* (de *sobre* y *llevar*); *virtuoso* (de *virtud*); *vituperable* (de *vituperar*); *bienvenida* (de *bien* y *venida*); *Villafranca* (de *villa* y *franca*) *bocina* (de *boca*); *sorbete* y *absorber* (de *sorber*).

Algunas palabras tienen significado diferente según estén escritas con *b* o con *v*. Ejemplos:

vocal (de *voz*)	*bocal* (jarro)
revelar (un secreto)	*rebelar* (sublevar)
vello (pelo)	*bello* (hermoso)
vacía (sin nada dentro)	*bacía* (de barbero)
vaqueta (cuero curtido)	*baqueta* (del fusil)
votar (dar el voto)	*botar* (un barco la pelota)
savia (de las plantas)	*sabia* (femenino de *sabio*)
tuvo (de *tener*)	*tubo* (de vidrio goma, etc.)
vasto (extenso)	*basto* (grosero)

EMPLEO DE LA W:

La Academia ha admitido esta letra en el abecedario español, con el nombre de *v doble*, si bien su empleo está limitado a voces de origen extranjero. En las lenguas de origen, su pronunciación es ora de *u* semiconsonante, como en inglés, ora fricativa labiodental, como en alemán. En español se pronuncia como *v* en los nombres propios de personajes visigodos (*Walia, Witerico, Witiza, Wamba*), en nombres propios o derivados procedentes del alemán (*Wagner, Westfalia, wagneriano*) y en algunos casos más. En palabras totalmente incorporadas al idioma es frecuente que la grafía *w* haya sido reemplazada por *v*: *vagón, vals, vatio*. En vocablos de procedencia inglesa conserva a veces la pronunciación de *u* semiconsonante (*Washington, washingtoniano, whisky*).

Dictado:

Ya en mi edad pocas veces gusto de alterar el orden que en mi manera de vivir tengo hace tiempo establecido, y fundo esta repugnancia en que no he abandonado mis lares ni un solo día para quebrantar mi sistema, sin que haya sucedido el arrepentimiento más sincero al desvanecimiento de mis engañadas esperanzas. Un resto, con todo eso, del antiguo ceremonial que en su trato tenían adoptado nuestros padres, me obliga a aceptar a veces ciertos convites a que parecería el negarse grosería o, por lo menos, rídicula afectación de delicadeza.

Andábame días pasados por esas calles a buscar materiales para mis artículos. Embebido en mis pensamientos, me sorprendí varias veces a mí mismo riendo como un pobre hombre de mis propias ideas y moviendo maquinalmente los labios; algún tropezón me recordaba de cuando en cuando que para andar por el empedrado de Madrid no era la mejor circunstancia la de ser poeta ni filósofo; más de una sonrisa maligna, más de un gesto de admiración de los que a mi lado pasaban, me hacía reflexionar que los soliloquios no se deben hacer en público; y no pocos encontrones que al volver las esquinas di con quien tan distraída y rápidamente como yo las doblaba, me hicieron conocer que los distraídos no entran en el número de los cuerpos elásticos, y mucho menos de los seres gloriosos e impasibles.

(LARRA, *Artículos de costumbres.*)

D, T

Solo pueden confundirse entre sí cuando cierran sílaba. Se escribe *d* en las palabras que tienen el prefijo *ad*, como *adjunto, adversidad, coadyuvar, adherir*. También se escribe *d* en la segunda persona de plural de los imperativos: *trabajad, temed, salid.*

Cuando la *d* termina palabra se pronuncia fricativa y relajada, de modo que en algunas regiones tiende a perderse, y en otras a pronunciarse vulgarmente con un sonido más o menos semejante al de la *z*. En las regiones en que esta confusión se produce, puede servir de guía poner la palabra en plural (*virtudes, verdades, ustedes*), y escribir el singular con *d* (*virtud, verdad, usted*) siempre que el plural termine en -*des*.

La *t* sólo aparece como final de sílaba o de palabra en voces extranjeras o cultas que han pasado del latín o del griego sin alteración : *carnet, atmósfera, ritmo, déficit, superávit, aritmética, étnico*, etc.

H

Esta letra no representa hoy ningún sonido en nuestro idioma. Las únicas reglas ortográficas que pueden darse son las siguientes :

1.ª Se emplea *h* en todos los tiempos del verbo *haber*. Ejemplos : *No he visto a María; Luis me ha enviado el libro que le pedí; Había pasado el plazo*.

2.ª Se escriben con *h* las voces que en nuestro idioma se pronuncian principiando con los sonidos *idr, iper, ipo*; por ejemplo : *hidrografía hidráulico, hidrógeno, hipertermal, hipertrofia, hipodérmico, hipócrita*.

3.ª Lleva *h* toda palabra que empieza por el diptongo *ue*: *hueso, huele, Huesca, huevo, huérfano, hueco, Huelva*.

4.ª Los compuestos y derivados de palabras que tienen *h*: *deshacer* y *rehacer* (de *hacer*), *deshilvanar* (de *hilvanar, hilván*), *habladuría* (de *hablador*), *deshonra* (de *honra*). Se exceptúan *oquedad, orfandad, osamenta* y *óvalo*, porque en las palabras de donde provienen, *hueco*, *huérfano*, *hueso* y *huevo*, la *h* no es originaria, sino que la tienen porque empiezan por el diptongo *ue*, según la regla 3.ª Lo mismo ocurre en otras voces relacionadas con ellas, como *orfanato*, *óseo*, *osificar*, *ovoide*, *ovalado*, etc.

Para las palabras no comprendidas en las reglas anteriores no hay más remedio que ejercitarse en aprender su escritura correcta una por una. En general se escriben con *h* las palabras que en latín comenzaban por f, como *hacer*, *haba*, *hermoso*, del latín *facere*, *faba*, *formonsus*, respectivamente. Los habitantes de Cataluña, Valencia, Baleares y Galicia acertarán en muchísimos casos escribiendo con *h* las voces que en su lengua regional comienzan con f, como en latín, por ejemplo *humo*, en catalán *fum*, gallego *fumo*; *higuera*, catalán *figuera*, gallego *figueira*.

Es frecuente la confusión entre *hecho*, del verbo *hacer*, y *echo* del verbo *echar*. Para evitarla, basta fijarse en el sentido de lo que se escribe.

EJERCICIO

Compóngase frases con las siguientes palabras:

¡Ah!	Hablar	Hormiga	Harina
¡Ahí!	Hombre	Anhelar	Hoja
Haber	Hacienda	Hijo	Hondo
Helar	Haz	Ahijado	Honda
Herir	Humor	Hierro	Honradb
Ahora	Alcohol	Vehículo	Hoyo
Hoy	Hartar	Hora	Huir
Desahuciar	Rehacer	Deshora	Rehuir
Ahorro	Hoz	Horror	Hilo

Señálense las diferencias de significado entre las voces que siguen, por medio de frases en que figuren:

Ay	y	Ahí
Hasta	»	Asta
Herrar	»	Errar
Hay	»	Ay
Hecho	»	Echo
Deshecho	»	Desecho
Ha	»	A
He	»	E
Hierro	»	Yerro
Hojear	»	Ojear
Oh	»	O
Huno	»	Uno

Dictado:

Pimentó, que en su calidad de valentón se interesaba por las desdichas de sus convecinos y era el caballero andante de la huerta, prometía entre dientes algo así como pegarle una paliza y refrescarlo después en una acequia; pero las mismas víctimas del avaro le disuadían hablando de la importancia de don Salvador, hombre que se pasaba las mañanas en los juzgados y tenía amigos de muchas campanillas. Con gente así siempre pierde el pobre.

De todos sus colonos, el mejor era *Barret*; aunque a costa de grandes esfuerzos, nada le debía. Y el viejo, que lo citaba como modelo a los otros arrendatarios, cuando estaba frente a él extremaba su crueldad, se mostraba más exigente, excitado por la mansedumbre del labrador, contento de encontrar un hombre en el que podía saciar sin miedo sus instintos de opresión y de rapiña.

Aumentó, por fin, el precio del arrendamiento de las tierras. *Barret* protestó, y hasta lloró recordando los méritos de su familia, que había perdido la piel en aquellos campos para hacer de ellos los mejores de la huerta. Pero don Salvador se mostró inflexible. ¿Eran los mejores?... Pues debía pagar más. Y *Barret* pagó el aumento. La sangre daría él antes que abandonar estas tierras que poco a poco absorbían su vida.

Ya no tenía dinero para salir de apuros; sólo contaba con lo que produjesen los campos. Y completamente solo, ocultando a la familia su situación, teniendo que sonreír cuando estaba entre su mujer y sus hijas, las cuales le recomendaban que no se esforzase tanto, el pobre *Barret* se entregó a la más disparatada locura del trabajo.

Olvidó el sueño. Parecíale que sus hortalizas crecían con menos rapidez que las de los vecinos; quiso él solo cultivar todas las tierras; trabajando de noche a tientas; el menor nubarrón de granizo le ponía fuera de sí, trémulo de miedo; y él, tan bondadoso, tan honrado, hasta se aprovechaba de los descuidos de los labradores colindantes para robarles una parte de riego...

El pobre labrador, agobiado por una existencia de fiebre y demencia laboriosa, quedábase en los huesos, encorvado como un octogenario, con los ojos hundidos. Aquel gorro característico que justificaba su mote, ya no se detenía en las orejas; aprovechando la creciente delgadez, bajaba hasta los hombros como un fúnebre apagaluz de su existencia.

(V. Blasco Ibáñez, La Barraca.)

C, K, Q, Z

Con estas cuatro letras representamos únicamente dos sonidos: el sonido de *z*, como en *cerro, baza, fácil, ciento, zumo;* y el sonido de *k*, como en *carro, acabar, kilómetro, kiosco, química, quien.* Las reglas para el uso de unas u otras letras son muy sencillas.

Sonido de z: Empleamos *c* siempre que este sonido va delante de las vocales *e, i.* Ejemplos: *vecino, producir, cero, cemento, paces, hoces, jueces.* Usamos la *z* cuando el mismo sonido precede a las vocales *a, o, u,* o cuando va al final de sílaba. Ejemplos: *Zaragoza, pozo, zumo, pellizco, hartazgo, diez, pez, haz.*

Se exceptúan *enzima* (fermento), a diferencia de

encima (adverbio); *zigzag, zipizape, ¡zis zas!, zen-do, zendavesta, zirigaña* y *elzeviriano*, escritas con *z* a pesar de ir delante de *e* o *i*.

La Academia Española admite escribir con *c* o con *z* las palabras siguientes:

ácimo	o	*ázimo*
acimut	»	*azimut*
ceda, ceta	»	*zeda, zeta*
celandés	»	*zelandés*
ceugma	»	*zeugma*
cicigia	»	*zizigia*
cinc	»	*zinc*

La mayor dificultad en el empleo correcto de estas dos letras se halla en las regiones de España y de América que las pronuncian como *s*. Esta pronunciación se llama *seseo*, y se encuentra tanto entre personas cultas como en el habla popular. Donde la confusión fonética entre *c, z* y *s* se practica habitualmente, no es posible establecer reglas ortográficas generales, sino que hay que aprender la grafía correcta, palabra por palabra, y acudir en caso de duda a los diccionarios o al *Vocabulario ortográfico* que insertamos al final de este libro.

El *ceceo* consiste, por el contrario, en pronunciar todas *s* como *z*. La extensión geográfica de las comarcas donde se practica el ceceo es muy reducida, y en general se considera como rústico, o bien como un defecto individual de pronunciación. El hablar ceceoso es propio de niños o de personas melindrosas.

SONIDO DE K : Cuando este sonido precede a las vocales *a, o, u,* o a cualquier consonante, se escribe con *c*. Ejemplos : *casa, codo, cuba, recado, acobardar, acusar, reclama, cruje, efecto, acción.* Cuando precede a las vocales *e, i,* se escribe con *qu.* Ejemplos : *que, quimera, quitar, esquela, aquí, requisa, aquél.*

La letra *k* se emplea únicamente en algunas palabras sueltas, como *kilogramo, kilómetro, kiosco;* pero aun estas palabras pueden también escribirse con *qu.*

EJERCICIO

Compruébense las reglas anteriores en la siguiente lista :

coco	rica	cazar
ceniza	hallazgo	rezuma
paz	nuez	boca
paces	nueces	borriquillo
feliz	poco	quitamanchas
felices	cuñado	zoquete
recua	kilo	cobarde
aquella	conquista	florecer

La *c* seguida de otra *c* suele pronunciarse tan débil, que muchas personas encuentran dificultad en distinguir la *c* de la *cc,* especialmente en palabras terminadas en *-ción* o derivadas de ellas. Como escribir *c* o *cc* depende generalmente de motivos etimológicos, damos a continuación una lista de voces usuales con una u otra grafía :

acción	cocción	inspección
perfección	infección	elección
facción	lección	relación
fricción	rarefacción	continuación
sección	calefacción	ración
operación	discreción	noción
ignición	inanición	moción
concreción	**solución**	**ebullición**

Claro está que los compuestos y derivados se escribirán como los simples, por ejemplo: *reacción, racionamiento, discrecional, inspeccionar, friccionar, resolución*, etc.

Unas cuantas palabras, casi todas de origen extranjero, terminan con el sonido de *k*. Se escriben generalmente con *c: coñac, frac, fondac, vivac, tictac;* con excepción de *cok.*

G, J

La *g* tiene dos sonidos, uno velar y sonoro, como en las palabras *pagar, gracia, glotón, ignorancia, guerra, guiñar, regular;* otro velar, sordo y más o menos áspero, equivalente al sonido de la *j*, como en las palabras *colegio, gitano, recoger, regente.*

En el primero de estos casos no hay dificultad de escritura, puesto que el sonido suave de *g* no puede confundirse con ningún otro: *pega, regar, gozo, apago, gusto, alguno.* Cuando el sonido suave de *g* va delante de las vocales *e, i*, se escribe *gue, gui*, para que no la pronunciemos como *j*. Así *Miguel, riegue, juguemos, anguila, guijarro, seguir.*

En las palabras en que la *u* que sigue a la *g* debe pronunciarse, se coloca sobre ella el signo llamado diéresis *(ü)*, a fin de no pronunciar *gue, gui*, sino *güe, güi*. Ejemplos: *antigüedad, desagüe, agüero, averigüe, argüir, lingüística, agüita, pingüino.*

La dificultad entre el uso de *g* o *j* se presenta en las palabras en que ambas letras tienen el mismo sonido. No hay normas fijas para regular su empleo, puesto que casi siempre el uso de una u otra depende del origen de la palabra y de la tradición. Con todo, daremos a continuación algunas reglas que pueden aplicarse en muchos casos :

Se escriben con *g*:

1.º Las palabras compuestas de *geo* (que significa *tierra*): *geometría, geógrafo, geología, hipogeo.*

2.º Las palabras que tienen las siguientes terminaciones :

gen	origen, margen*
gélico	angélico
genario	octogenario
géneo	homogéneo
génico	fotogénico
genio	ingenio
génito	primogénito
gesimal	sexagesimal
gésimo	vigésimo
gético	apologético
giénico	higiénico
ginal	original
gíneo	virgíneo
ginoso	ferruginoso
gismo	neologismo**
gia	magia, demagogia
gional	regio, frigio
gio	región
gión	regional
gionario	correligionario
gioso	prodigioso

* Exceptuando *comején.*
** *Salvajismo* se escribe con *j* porque deriva de *salvaje.* Espejismo deriva de *espejo.*

gírico	*panegírico*
ogía	*geología*
ógica	*lógica*
ógico	*patológico*
ígena	*indígena*
ígeno	*oxígeno*
ígera	*alígera*
ígero	*flamígero*

3.º Los infinitivos terminados en los sonidos *iger-ar, ger, gir,* como *aligerar, proteger, fingir,* y todas las formas de estos verbos en los cuales la *g* no vaya delante de *a, o, u,* pues ya sabemos que en tal caso hay que sustituir *g* por *j* para no alterar la pronunciación. Así escribimos *dirigir, dirigía, dirija; proteger, protegeré, protejo.*

Se exceptúan *desquijerar, brujir, tejer, crujir,* y sus compuestos.

EJERCICIO

Compónganse frases con las siguientes palabras:

agio	registrar	corregir
gemelo	elegir	refugio
gentil	general	genio
gigante	girar	vigilar
coger	prodigio	agente
género	agitar	gemir
diligente	ágil	generoso
elogiar	agitación	inteligencia
gente	álgebra	regir
higiene	diligencia	plagio

Se escriben con *j:*

1.º Siempre que este sonido vaya delante de las

vocales *a, o, u: jarro, joven, juicio, júbilo, paja, reja, rojo.* Igualmente se escribirán con *j* las palabras que tengan sonido *je, ji*, derivadas de las voces en que entra el de la *j* con las vocales *a, o, u.* Ejemplos : *cajita* (de *caja*), *rojizo* (de *rojo*), *ojear* (de *ojo*), *hojear* (de *hoja*), *cojito* (de *cojo*).

2.º Las voces terminadas en *je* y *jería*, como *coraje, paje, hereje, eje, homenaje, cerrajería, relojería.* Se exceptúan *ambages, esfinge, falange, faringe, laringe,* y otras poco usuales.

3.º Las formas irregulares en que entren los sonidos *je, ji,* de los verbos cuyo infinitivo no tiene *g* ni *j: dije, dijisteis* (de *decir*) ; *produje, produjimos* (de *producir*) ; *traje, trajimos, trajésemos* (de *traer*).

En los casos no previstos en las reglas anteriores, el uso de *j* delante de *e, i,* depende del origen de la palabra.

EJERCICIO

Compónganse frases en las que figuren las siguientes palabras :

mujer	empuje	tejido
extranjero	extrajeron	traje
jefe	aduje	viajero
ajeno	condujimos	equipaje
ajedrez	jergón	perejil
carruaje	jícara	vejiga
crujir	paisaje	ejercer
tejer	sujeto	bujía

EJERCICIO

Dictado:

El tío Lucas era más feo que Pico. Lo había sido toda su vida, y ya tenía cerca de cuarenta años. Sin embargo, pocos hombres tan simpáticos y agradables habrá echado Dios al mundo. Prendado de su viveza, de su ingenio y de su gracia, el difunto Obispo se lo pidió a sus padres, que eran pastores, no de almas, sino de verdaderas ovejas. Muerto Su Ilustrísima, y dejado que hubo el mozo el Seminario por el Cuartel, distinguióle entre todo su Ejército el general Cano y lo hizo su ordenanza más íntimo, su verdadero criado de campaña. Cumplido, en fin, su empeño militar, fuele tan fácil al tío Lucas rendir el corazón de la señá Frasquita, como fácil le había sido captarse el aprecio del General y del Prelado. La navarra, que tenía a la sazón veinte abriles, y era el ojo derecho de todos los mozos de Estella, algunos de ellos bastante ricos, no pudo resistir a los continuos donaires, a las chistosas ocurrencias, a los ojillos de enamorado mono y a la bufona y constante sonrisa, llena de malicia, pero también de dulzura de aquel murciano tan atrevido, tan locuaz, tan avisado, tan dispuesto, tan valiente y tan gracioso que cabó por trastornar el juicio, no sólo a la codiciada beldad, sino también a su padre y a su madre.

Lucas era en aquel entonces, y seguía siendo en la fecha a que nos referimos, de pequeña estatura (a lo menos con relación a su mujer), un poco cargado de espaldas, muy moreno, barbilampiño, narigón, orejudo y picado de viruelas. En cambio, su boca era regular y su dentadura inmejorable. Dijérase que sólo la corteza de aquel hombre era tosca y fea; que tan pronto como empezaba a penetrarse dentro de él aparecían sus perfecciones, y que estas perfecciones principiaban en los dientes. Luego venía la voz, vibrante, elástica, atractiva; varonil y grave algunas veces, dulce y melosa cuando pedía algo, y siempre difícil de resistir. Llegaba después lo que aquella voz decía: todo oportuno, discreto, ingenioso, persuasivo... Y, por último, en el alma del tío Lucas había valor, lealtad, honradez, sentido común, deseo de saber y conocimientos instintivos o empíricos de muchas cosas, profundo desdén a los necios, cualquiera que fuese su categoría social, y cierto espíritu de ironía, de burla y de sarcasmo, que le hacían pasar, a los ojos del Académico, por un D. Francisco de Quevedo en bruto.

Tal era por dentro y por fuera el tío Lucas.

(P. A. DE ALARCÓN, *El sombrero de tres picos*.)

L, Y, (Ll)

La diferencia esencial entre estas dos letras consiste en que la *y* representa generalmente un sonido consonante, mientras que la *i* no es consonante. Por ejemplo: *rayo, cónyuge, yema, yunque* (consonante); *digo, aire, tierra* (no consonante).

Sin embargo, usamos de la *y* sin ser consonante en los siguientes casos:

1.º La conjunción *y:* ir *y* venir, tinta *y* papel.

2.º Cuando, precedida de vocal, termina palabra: *voy, soy, ¡ay!, buey, ley, rey, muy.* Se exceptúan las palabras en que la *i*, por llevar acento, recobra su carácter de plena vocal, como *benjuí, jeragüí* y la primera persona del pretérito indefinido, como *caí, leí, roí, argüí, decaí.*

Usamos *i* en algunas palabras que ofrezcan la combinación *hia, hie,* como *hiato, hierro* (*yerro* es de *errar*), *hiendo* (de *hender; yendo* es del verbo *ir*), *hiel, hiena, hialina, enhiesto.*

Las palabras *hierba, hiedra,* se pueden escribir así, o bien *yerba, yedra,* si bien lo primero es lo más frecuente.

En algunas regiones de España y en gran parte de los países de América es frecuente confundir el sonido de *y* con el de *ll,* y viceversa. Esta confusión (llamada *yeísmo*) dificulta mucho la ortografía. Conviene, por lo tanto, habituarse a distinguir un sonido de otro.

Obsérvese la diferencia del significado entre estas palabras:

arrollo	*arroyo*
halla	*haya*
pollo	*poyo*
olla	*hoya*
llena	*hiena*
pulla	*puya*
rollo	*royo*
callado	*cayado*
valla	*vaya*
hulla	*huya*

Ejemplos: *Madera de haya. No halla lo que busca. Huya usted pronto de aquí. Una mina de hulla. Es necesario que vaya a verle. El solar estaba cercado por una valla. El pastor lleva un grueso cayado. Estaré callado toda la tarde. Se sentaron en un poyo. Hemos comido arroz con pollo. Junto a la casa corría un arroyo. Es tanta la prisa que llevo, que lo arrollo todo. La casa está llena de gente. La crueldad de la hiena.*

M, N

Ordinariamente no hay confusión posible entre ellas, puesto que cada una tiene su sonido propio, Sin embargo, cuando la *n* va delante de *b, p, f, v,* toma un sonido igual o semejante al de la *m*.

La regla ortográfica es la siguiente: Delante de *b, p,* se escribe siempre *m;* y delante de *f, v,* se escribe *n.* Ejemplos: *imbécil, embudo, embutido, im-*

perio, emperador, imposible; confuso, enfermo, anfiteatro, enviar, convoy, invitado, convidar.

Delante de *n* se escribe *m*, como *alumno, columna, indemnizar.* Pero si la palabra está formada por los prefijos *con, en, in,* se escribe *nn;* ejemplos : *connotar, ennegrecer, innoble.* Con el prefijo *circun* (latín *circum*) se escribe *circumnutación, circumpolar,* pero *circunnavegar, circunnavegación,* como en *circunferencia, circunvalación.*

R, RR

La diferencia entre estos dos sonidos es bien conocida. La *r* es vibrante simple ; la *rr,* vibrante múltiple. Ejemplos : *para, coro, arte, orla, decir, amor; perro, corrida, ahorro, turrón.*

La *r* simple ortográfica representa, sin embargo, el sonido de *rr* en los dos casos siguientes : 1.º En principio de palabra : *raza, rezo, ribera, rosa, rubio.* 2.º Dentro de palabra cuando va precedida de *l, n, s: malrotar, Ulrico, honra, enriquecer, israelita.*

En las palabras compuestas cuyo segundo elemento empieza por *r,* conviene duplicar la *r* para facilitar la lectura. Ejemplos : *contrarréplica, pararrayos, antirreglamentario.* No es raro, sin embargo, ver escritas algunas de estas palabras con una *r* o con dos indistintamente. Ejemplos : *hispanoromano* o *hispanorromano;* pero es preferible escribirla doble por ser lo que mejor corresponde a la pronunciación, a fin de seguir una norma general.

Cuando los componentes se separan con un guión, no se duplica la *r: convenio anglo-ruso.*

X

Suena ordinariamente como *ks* o *gs*, en la pronunciación culta, cuando va entre vocales : *examen, axioma, reflexión.* Cuando va delante de consonante se confunde muy frecuentemente con la *s.* Para resolver la dificultad sobre si debemos escribir *x* o *s* no hay reglas ortográficas. Sólo el uso puede enseñar el empleo correcto. He aquí una lista de palabras para ejercitarse en la escritura :

convexo	escaso
excelente	especial
exuberancia	esplendor
auxilio	espontáneo
auxiliar	estricto
laxante	estrecho
reflexivo	estirar
flexión	estómago
explicar	esperanza
extraño	estúpido
texto	contestar
expiar *(sufrir la culpa)*	espiar *(acechar)*
extender	espectáculo
excusa	espectador
extranjero	especular

La Real Academia Española autoriza la pronunciación como *s* o como *x*, al principio de ciertas palabras que comienzan por la letra *x*, como *xilografía, xilófono, xenofobia, Xochimilco,* pero, cualquiera que sea su pronunciación, la *x* ortográfica debe ser mantenida en todos estos casos.

Asimismo se autoriza la pronunciación de la *x* con valor fonológico de *j*, en grafías conservadas por tradición, como *México, Oaxaca, Xalteva,* y en algunos nombres de persona, como en *Xavier, Ximena,* que también se escriben con *j* (*Javier, Jimena*).

EJERCICIO

Dictado:

Ramiro solía quedarse hasta la noche en el último piso del torreón, escuchando los cuentos y parlerías de las mujeres.

Allí terminaba la tiesura solariega. Allí se canturriaba y se reía. Allí el aire exterior, en los días templados, entraba libremente por las ventanas, trayendo el vago perfume de las fogatas campesinas y un sordo rumor de molinos y batanes, que subía desde el Adaja...

Las criadas le querían de veras. Todas miraban con respetuosa ternura al párvulo triste y hermoso, que no había cumplido aún doce años y parecía llevar en la frente el surco del misterioso pesar. Todas rivalizaban en complacerle, en agasajarle.

Durante el trabajo, entre el zumbo de las ruecas, hablábase de cosas fáciles que él comprendía, y, casi siempre, al anochecer, se contaban historias. Añejas historias, sin tiempo ni comarca. Unas sombrías, otras milagreras y fascinadoras. Consejas de tesoros ocultos, de agüeros, de princesas, de ermitaños. Una vieja esclava, herrada en la frente, sabía cuentos de aparecidos. Ramiro la escuchaba con singular atención, cada vez más goloso de pavor y de misterio.

(E. LARRETA, *La gloria de Don Ramiro*.)

NOMBRES PROPIOS EXTRANJEROS:

Los nombres propios extranjeros que no han sido castellanizados se escribirán como en la lengua originaria, p. ej.: *Dobbio, Grabbe, Abbevilla* o *Abbeville, Gábbata, Altenberg, Cronberg, Hartzenbusch, Kronborg, Havre,* etc. Son muchos los nombres geográficos que el uso ha adaptado a la pronunciación y a la grafía española desde fecha más o menos antigua. Ejemplos: *Basilea, Berna, Bolonia, Burdeos, Colonia, Dinamarca, Estocolmo, Ginebra, Londres, Marsella, Nápoles, Nueva York, Ródano, Sena, Suiza, Támesis, Tubinga, Turín, Varsovia,* etc. Respecto a la acentuación gráfica de estos nombres, véase el capítulo III, pág. 41.

2. Separación de sílabas

Las palabras se descomponen en sílabas del modo siguiente:

> *som-bre-ro* (3 sílabas)
> *a-mi-ga* (3 sílabas)
> *trans-for-ma-ban* (4 sílabas)
> *con-si-de-ra-cio-nes* (6 sílabas)

Hay palabras que constan de una sola sílaba: reciben el nombre de *monosílabas;* por ejemplo, *a, tú, pan, buey, tren.* Las palabras que tienen más de una sílaba se llaman en general *polisílabas,* las cuales tienen los nombres particulares de:

> *bisílabas* (2)
> *trisílabas* (3)
> *tetrasílabas* o *cuatrisílabas* (4)
> *pentasílabas* (5)
> *hexasílabas* (6)
> *heptasílabas* (7)
> *octosílabas* (8)

Como se ve por los ejemplos anteriores, el número de fonemas que componen una sílaba varía de uno a cinco.

En toda sílaba tiene que haber por lo menos una vocal. Una vocal sola puede constituir sílaba.

En una sílaba pueden juntarse dos o tres vocales: *ai-re, tiem-po, a-ve-ri-guáis, a-mor-ti-güéis*. La reunión de dos vocales en una sílaba se llama *diptongo;* tres vocales en una sola sílaba constituyen un *triptongo*.

EJERCICIO

Sepárense las sílabas y señálense los diptongos y triptongos de las siguientes palabras.

abecedario	buey
voy	suave
peine	rey
Europa	apacible
recibimiento	angustia
retoque	tienes
cohibido	ferrocarril
armario	locomotora
aurora	viento
bueno	apreciáis

Observe el lector que en las voces *púa, había laúd, raíz, país, real, caen*, aunque las vocales estén juntas no se pronuncian en la misma sílaba y, por consiguiente, no forman diptongo. Dos vocales que estén una junto a otra sin unirse en diptongo, se dice que están en *hiato*. Ejemplo: *reata, maíz, baúl, aparecía, reúne, María, continúo, aúpa, sitúe*.

DIVISIÓN SILÁBICA EN LA PRONUNCIACIÓN:

Las sílabas son unidades fonéticas de las cuales tenemos conciencia espontáneamente. La lengua española agrupa los sonidos por sílabas con arreglo a las siguientes leyes:

1.ª Una sola consonante entre vocales forma sílaba con la segunda vocal: *ta-pe-te, re-sa-ca, re-ga-la-se.*

2.ª Los grupos formados por las consonantes *p, b, c, g, f,* seguidas de *l* o *r,* forman sílaba con la vocal que les sigue. Lo mismo ocurre con las dentales *t, d,* seguidas de *r.* Ejemplos: *pla-no, re-pri-me, ha-bla, co-bre, re-cla-ma, o-cre, glo-tón, a-gra-vio, a-flu-ye, Á-fri-ca, re-tra-sa, po-dre-mos.*

El grupo *tl,* en comienzo de palabra, forma sílaba con la vocal siguiente, como en *tlascalteca, tlazol.* Cuando es interior, la Academia admite que puedan pronunciarse juntas o separadas las dos consonantes. Así cabe silabear indistintamente:

> *a-tletismo* o *at-letismo*
> *trasa-tlántico* o *trasat-lántico*
> *achio-tlín* o *achiot-lín*

3.ª En cualquier otra combinación de dos consonantes, iguales o diferentes, la primera se agrupa con la vocal anterior y la segunda con la siguiente: *res-pi-ra, sub-ca-bo, in-mu-ne, con-na-tu-ral.*

4.ª Entre tres consonantes, las dos primeras forman sílaba con la vocal que precede y la tercera con la que sigue: *cons-pi-ra, pers-pi-caz, obs-tá-cu-lo.*

5.ª Si en un grupo de tres o más consonantes, las dos últimas son las comprendidas en la regla 2.ª, éstas se unen a la vocal siguiente y las demás a la precedente : *em-pla-zar, es-cla-vo, con-flu-ye, trans-gre-dir, obs-truc-ción.*

DIVISIÓN SILÁBICA EN LA ESCRITURA:

Las nociones que acabamos de exponer servirán para comprender algunas reglas ortográficas importantes :

1.ª Cuando no cabe una palabra entera en un renglón, debemos dividirla por sílabas. No se deben separar unas de otras las letras que forman una sílaba. Por consiguiente, estarían mal divididas las palabras *transferencia, hablar,* si las separáramos así : *tra-ns-fer-enc-ia, hab-lar.* La separación correcta por sílabas es *trans-fe-ren-cia, ha-blar.*

2.ª Debemos evitar la división de las palabras escribiendo vocales sueltas en principio o final de renglón, aunque formen sílaba de por sí. Por lo tanto, no escribiremos *e-vitar, tení-a, a-chicar, care-o,* sino *evi-tar, te-nía, achi-car, ca-reo.*

3.ª En los compuestos formados de palabras que por sí solas tienen uso en la lengua o de una de estas palabras y un prefijo, es potestativo dividir el compuesto separando sus componentes, o bien por sílabas, de acuerdo con la regla 1.ª Así podrá dividirse : *nos-otros, vos-otros, des-alentar, des-amparo, mal-estar,* o bien *no-sotros, vo-sotros, de-salentar, de-samparo, ma-lestar.*

4.ª Las palabras que contengan una *h* precedida de consonante se dividirán de modo que ésta quede al fin del renglón y la *h* comience el renglón siguiente: *al-haraca, bien-hechor, des-hidratar, super-hombre, in-hábil.*

5.ª Nunca deben desunirse la *rr* y la *ll*, puesto que entre las dos representan un sonido único. Ejemplos : *ca-rro, co-rres-pon-sal, ca-ba-llo, re-lla-no* (y no *car-ro, cor-res-pon-sal, ca-bal-lo, rel-lano*).

EJERCICIO

Dictado:

Era un tipo curioso el de Elizabide el Vagabundo. Reunía todas las cualidades y defectos del vascongado de la costa : era audaz, irónico, perezoso, burlón. La ligereza y el olvido constituían la base de su temperamento : no daba importancia a nada, se olvidaba de todo. Había gastado casi entero su escaso capital en sus correrías por América, de periodista en un pueblo, de negociante en otro, aquí vendiendo ganado, allá comerciando en vinos. Estuvo muchas veces a punto de hacer fortuna, lo que no consiguió por indiferencia. Era de esos hombres que se dejan llevar por los acontecimientos sin protestar nunca. Su vida, él la comparaba con la marcha de uno de esos troncos que van por el río, que si nadie los recoge se pierden al fin en el mar.

Su inercia y su pereza eran más de pensamiento que de manos ; su alma huía de él muchas veces : le bastaba mirar el agua corriente, contemplar una nube o una estrella para olvidar el proyecto más importante de su vida, y cuando no lo olvidaba por esto, lo abandonaba por cualquier otra causa, sin saber por qué muchas veces.

(P. BAROJA, *Idilios vascos.*)

PAISAJE TROPICAL

Magia adormecedora vierte el río
en la calma monótona del viaje,
cuando borra los lejos del paisaje
la sombra que se extiende en el vacío.

Oculta en sus negruras al bohío
la mañana tupida, y el follaje
semeja los calados de un encaje
al caer del crepúsculo sombrío.
　　Venus se enciende en el espacio puro.
La corriente dormida, una piragua
rompe en su viaje rápido y seguro,
　　y con sus nubes al poniente fragua
otro cielo rosado y verdeoscuro
en los espejos húmedos del agua.

(José Asunción Silva)

Para distinguir en la escritura los diptongos y triptongos de los hiatos, nos valemos a menudo de los acentos, según se explica en el capítulo siguiente.

3. Acentos

En todas las palabras de más de una sílaba cargamos la pronunciación sobre una sílaba determinada, la cual es más fuerte que las otras de la misma palabra. Por ejemplo, en las voces *mano, cantó, ribazo, melonar, industriales, médico,* las sílabas *ma, tó, ba, nar, tria, mé,* son, respectivamente, las más fuertes ; por eso se llaman sílabas acentuadas. Unas veces el acento no se escribe aunque se marque en la pronunción (*acento fonético*) ; otras, el acento se escribe (*acento gráfico*). En este capítulo explicaremos cuándo hay que escribir o no el acento. Para ello necesitamos tener presentes las nociones que siguen.

Según el lugar que ocupa el acento fonético, las palabras se dividen en *agudas, llanas, esdrújulas* y *sobresdrújulas.*

Agudas son las que tienen el acento en la última sílaba : *canté, decir, escuchar, encontrarás.* Las llanas lo tienen en la penúltima : *lava, había, escuchabas, encontraríais.* Se llaman **esdrújulas** las que llevan el acento en la antepenúltima sílaba, como *mecánico, física, rápido.* Finalmente, hay voces sobresdrújulas que llevan el acento antes de la antepenúltima sílaba : *cómpramelo, dábasemela.*

EJERCICIO

Clasificad las palabras siguientes según el lugar del acento :

huéspedes	*fériamela*	*termómetro*
muéstraseme	*comparación*	*después*
asado	*libro*	*revoluciones*
salud	*exhibir*	*general*
oí	*desahuciar*	*súbito*
temperatura	*médico*	*verdad*
relámpago	*entrega*	*sabes*
escuché	*marfil*	*literario*
zaherir	*virtud*	*cómpratelo*
exhorto	*tenía*	*mármol*

REGLAS DE ACENTUACIÓN ORTOGRÁFICA:

Se escriben con acento :

1.º Las palabras agudas de más de una sílaba terminadas en vocal, *n, s: salió, libraré, desdén, jardín, después, jamás.* Por consiguiente, no se pondrá el acento en *virtud, atacar, principal, tragaluz,* porque, aun siendo agudas, no terminan en vocal, *n* ni *s.*

Se escriben sin acento los vocablos agudos terminados en *-ay, -ey- oy, -uy,* porque en ellos la *y* no es vocal. *Uruguay, guirigay, virrey, mamey, convoy, Espeluy.*

2.º Las llanas terminadas en consonante que no sea *n* ni *s: árbol, cárcel, césped, huésped, azúcar, alcázar, alférez, Fernández.* Según esto no se acentuarán : *predije, escuchan, cantabas.*

3.º Las palabras esdrújulas y sobresdrújulas sin excepción : *pámpano, música, héroe, trabajábamos, muchísimo, escríbase, fácilmente, contábaselo.*

DIPTONGOS E HIATOS:

Recuérdese lo que dijimos sobre ello en el capítulo anterior. Añadamos ahora que, para la aplicación de las reglas ortográficas, no hay diptongo sino cuando las vocales *extremas* (*i, u*) se juntan entre sí o con cualquiera de las vocales *intermedias* (*e, a, o*). La *i* es la vocal de articulación extrema anterior o palatal ; la *u,* la extrema posterior o velar. Las demás vocales, por el mismo orden con que han sido enumeradas, se producen en la zona articulatoria intermedia de la boca.

Según esto, los diptongos que de este modo pueden formarse son los que siguen :

Diptongos	Ejemplos
ai	aire, hay
au	automóvil
ei	veis, rey
eu	deuda
oi	hoy, sois
ou	bou
ia	lluvia
ie	tiempo
io	vio, estudio
iu	ciudad
ua	agua
ue	fuego
ui	fui
uo	evacuó

Ocurre con frecuencia que las vocales extremas *i*, *u*, van delante o detrás de otra vocal sin formar diptongo con ellas, es decir, están en *hiato*. Con esto enunciaremos las siguientes reglas ortográficas:

1.ª Cuando las vocales *i*, *u*, están en hiato con otra vocal intermedia y se pronuncian con acento, deben llevar acento escrito: *raíz, baúl, ataúd, sitúa, acentúo, había, continúo*.

De acuerdo con la regla anterior se escribirán con acento los infinitivos en *-aír, eír, -oír*, como *embaír, freír, sonreír, oír*. Los en *-uir* se escriben sin acento porque la combinación *ui* no forma hiato, sino diptongo, según la regla 3.ª: *huir, constituir, retribuir, concluir**.

2.ª Cuando la sílaba acentuada de cualquier palabra aguda, llana o esdrújula debe llevar acento escrito, según las reglas anteriores, el acento se pondrá sobre la vocal intermedia del diptongo o sobre la segunda si las dos son extremas. Ejemplos: *viésemos, parabién, Huércal, acaricié, averigüé, cuévano, salió, benjuí*.

3.ª La combinación *ui* se considera prácticamente como diptongo en todos los casos (aunque alguna vez haya vacilaciones en la pronunciación), y por consiguiente no debe llevar acento más que cuando sea necesario señalar que la palabra es aguda, llana o esdrújula según las reglas generales. Se escribirán, pues, sin acento, *jesuita, huido, huimos, juicio, construido, fluido, diluida*, etc. En cambio se pondrá

---

* Para el verbo *inmiscuir*, las *Nuevas Normas* académicas admiten las formas *inmiscúo* e *inmiscuyo* en el presente de indicativo.

acento en *benjuí* (regla 2.ª) por ser voz aguda terminada en vocal, y en *casuístico* por ser esdrújula**.

4.ª La *h* muda entre dos vocales no impide que éstas formen diptongo: *de-sahu-cio*. Por consiguiente, cuando alguna de dichas vocales, por virtud de las reglas anteriores, haya de ir acentuada, se pondrá el acento ortográfico como si no existiese la *h: vahído, búho, rehúso, prohíbe.*

La palabra *aún* se acentúa cuando puede sustituirse por *todavía* sin alterar el sentido de la frase: *aún no ha llegado o no ha llegado aún.* En los demás casos se escribe sin acento: *ni aun el director se enteró; aun los sordos han de oírme.*

ACENTUACIÓN DE LOS MONOSÍLABOS:

Las palabras de una sola sílaba no llevan acento ortográfico. Ejemplos: *fe, vas, vi, pan.*

La Academia incluye en esta regla las formas verbales monosílabas *fue, fui, vio, dio,* que en lo sucesivo deben escribirse sin acento.

Esta norma general sufre excepción cuando se trata de monosílabos iguales en su forma, pero de distinto significado o de función gramatical diferente.

He aquí los casos más frecuentes:

Tú (pronombre personal) y *tu* (posesivo): *Esto lo sabes tú; Tu casa está cerca.*

Mí (pronombre personal) y *mi* (posesivo); *La carta era para mí; Ha llegado mi madre.*

Él (pronombre personal) y *el* (artículo): *Hablé con él; Tengo el paraguas.*

Dé (del verbo dar) y *de* (preposición): *Vengo a que me dé mi pluma; Esta casa es de un amigo mío.*

** Los pretéritos *huí, fluí,* deben llevar acento gráfico porque son bisílabos y agudos.

Más (cuando establece comparación o expresa cantidad) y *mas* (cuando equivale a *pero*): *Me gusta más este café que el de ayer; Quería comer más; Tiene dinero, mas no se le conoce.*

Sé (cuando pertenece a los verbos *saber* y *ser*) y *se* (pronombre): *No sé nada de esto; Sé amable con ellos; Se lava las manos; Se dice que fue desterrado.*

Si (afirmación y pronombre) y *si* (expresa condición o nota musical): *Creo que sí; Todo lo quiere para sí; Si hace buen tiempo saldremos; Una sonata en si.*

Té (nombre) y *te* (pronombre): *Tomamos té caliente; No te digo más.*

La conjunción *o* lleva acento cuando va entre números, a fin de que no pueda ser confundida con un cero: 3 ó 4 (*tres o cuatro*). Fuera de este caso se escribe siempre sin acento.

No todos los monosílabos homónimos se distinguen por el acento: *la* (artículo, pronombre y nota musical); *sol* (astro y nota musical); *ve* (imperativo de *ir* y presente del verbo *ver*); *di* (imperativo de *decir* y pretérito de *dar*), etc.

OBSERVACIONES ESPECIALES:

Los demostrativos sustantivos *éste, ésta, ése, ésa, aquél, aquélla,* y sus plurales, llevan normalmente acento escrito. Ejemplos:

Juan y su hermano llegaron a la ciudad; éste hambriento, aquél desfallecido de tan larga caminata.

¿Es ésta la habitación que nos han destinado?

En cambio, se escriben sin acento cuando son adjetivos: *Me gusta este jardín; Esas palabras me incomodan; Entraremos en aquella casa.*

Sin embargo, la Academia considera lícito escribir en todos los casos sin acento tales demostrativos, cuando no exista riesgo de anfibología, p. ej. : *Los niños eligieron a su gusto, éstos pasteles, aquéllos bombones*. Con acento, *éstos* y *aquéllos* representan *niños;* sin acento, *estos* y *aouellos* son determinativos de *pasteles* y *bombones*, respectivamente.

Los neutros *esto, eso, aquello,* no se acentúan nunca : *No digo eso; Hablaremos de aquello.*

Las voces *que, cual, quien, cuan, cuanto, cuanta, como, cuando* y *donde* se acentúan en frases interrogativas o exclamativas. Ejemplos :

> ¡Qué bonito!
> ¿Cuál prefieres?
> ¿Quién ha venido?
> ¡Cuánto me alegro de su llegada!
> ¿Cómo está usted?
> ¿Dónde está mi sombrero?
> ¡Quién pudiera verle otra vez!

Esta regla rige también para las oraciones interrogativas indirectas (que no llevan signo de interrogación), p. ej. : *Pregúntale cuánto vale; Dime cuándo volverás.*

La palabra *solo* puede ser adjetivo o adverbio : *Aquel hombre siempre estaba solo* (adjetivo) ; *Sólo veíamos tres o cuatro barcas en la inmensidad del mar* (adverbio, equivale a *solamente*). En función adverbial, podrá llevar acento si con ello se ha de evitar una anfibología. Por ejemplo, si escribimos *Leí sólo un párrafo* (solamente, únicamente) frente a *Leí solo un párrafo* (en *soledad, sin compañía*). No hay, pues, falta ortográfica en escribirlo sin acento en todos los casos.

Se suprime el primer acento en compuestos como *decimoséptimo, asimismo, rioplatense, piamadre, sabelotodo.* En estas palabras desaparece el acento que antes de entrar en el compuesto habría correspondido a *décimo, así, río, pía* y *sábelo.*

Se exceptúan de esta regla los adverbios en *mente,* que conservarán el acento que tenga el adjetivo del cual se derivan: *fácilmente, cortésmente, últimamente.* También conservarán su acento los compuestos de dos o más adjetivos unidos por guión: *cántabro-astur, histórico-crítico-bibliográfico, teórico-práctico.*

(Sobre el uso del guión en los compuestos, véase el capítulo IV).

Los verbos que llevan pronombres enclíticos conservan el acento si antes lo tenían: *escuchéle, llevóme.* También se acentúan cuando del conjunto resulta una palabra esdrújula o sobresdrújula: *búscalo, diciéndome, habiéndosenos, díjele.*

Los nombres propios extranjeros se escribirán, en general, sin ponerles ningún acento que no tengan en el idioma a que pertenecen; pero podrán acentuarse a la española cuando lo permitan su pronunciación y grafía originales. La Academia deja, pues, en libertad de escribir *Wagner* o *Wágner, Washington* o *Wáshington, Schiller* o *Schíller, Renan* o *Renán,* etc.

Los nombres geográficos ya incorporados a nuestra lengua no se han de considerar extranjeros y siguen las reglas generales de acentuación ortográfica: *París, Berlín, Orán, Pekín, Ródano, Módena.*

Escríbanse las siguientes palabras, añadiendo los acentos donde corresponda :

marmol	estupido	corbata
parvulo	candidez	hermosisimo
examen	azucar	monologo
arboles	miercoles	republica
pluma	contariamos	monarquia
sencillamente	laud	haciamos
escaso	tardanza	reune
pajaro	rapidez	alli
decias	rapidamente	dia
voy	periodista	corriente
contabamos	teniais	espontaneamente
aritmeticos	volviesemos	perfido
cremor	ancora	espia
fertil	tambien	blanco
explicareis	siempre	procer
repetimos	detras	ductil
encontrar	asi	infimo

Dictado:

Si en alguna parte es cierto que el hombre es la medida de sí mismo, es en la sabana ilímite, en cuya brava soledad cada cual puede construirse su mundo a sus anchas. Pero la sabana entra en los pueblos y se mete en las casas : en cada llanero, aunque viva en sociedad, hay siempre un hombre aislado en medio del desierto, que piensa como dice la copla :

Sobre la tierra la palma,
sobre la palma los cielos ;
sobre mi caballo yo,
y sobre yo mi sombrero.

Sólo que en Juan Crisóstomo Payara, este hombre fiero estaba contenido y reprimido por una alta idea de justicia.

Un tiempo ya lejano, estuvo unido el patronímico a las bárbaras gestas del individualismo sabanero, cuando la familia detentaba el cacicazgo político de la región y de las montoneras de las guerras federales surgieron los Jaramillos a arrebatárselo, como ya lo habían logrado plenamente hacía varios años; pero, desde los del padre de Juan Crisóstomo, los Payaras se habían convertido, a la fuerza, en gente sometida y pacífica, pequeños propietarios de unos palmos de sabanas con unas cuantas reses paciendo por ellas y de modestos comercios al por menor, en cuyas trastiendas y reboticas — el padre de Juan Crisóstomo era farmacéutico —, languidecían en rezongos de humillados y enconados los últimos humos de orgullo de la vieja familia oligarca.

Pero de lejos llegábanle sin menoscabo, antes por el contrario, reforzadas y depuradas, la proverbial rectitud de conducta y la recia intransigencia de lo ilícito. Gente de bien con tradición y señorío social, que en lo doméstico como en lo público daban un raro ejemplo intachable...

(RÓMULO GALLEGOS, *Cantaclaro*.)

Escríbanse los acentos en los siguientes trozos, impresos adrede sin ellos:

Llegaron demasiado temprano. Habia poca gente todavia en el salon y los pasillos. Mendoza fue a juntarse a unos cuantos personajes graves y solemnes como el, con los cuales empezo a departir. Cuando uno hablaba, los otros guardaban cortes silencio. Pudiera dudarse, sin embargo, de que le escuchasen muy atentamente. De lo que no cabia duda era de que cada uno se escuchaba a si mismo con rematado deleite. Miguel se unio a un grupo de periodistas donde reinaba alegria tumultuosa.

Cuando iba a comenzar la sesion fue con ellos a su tribuna, que al poco rato estaba de bote en bote. Eran rostros juveniles casi todos los que alli se veian, y reinaba constantemente tal desorden y algarabia, que costaba trabajo entenderse.

(A. PALACIO VALDÉS, *Maximina*.)

Silda se encogio de hombros y pregunto a Andres si iria a la calle Alta cuando las fiestas de San Pedro. Andres respondia que puede que si, y tia Sidora le pondero mucho lo que habia de ver entonces y lo bien que se veia desde la puerta de su casa. Habria hogueras y peleles, y mucho baileteo; tres dias seguidos, con sus noches, asi; y en el del Santo, novillo de cuerda. Sartas de banderas y gallardetes de balcon a balcon... Pero tan bien enterado estaba Andres de lo que eran aquellas fiestas como la misma tia Sidora, porque no habia perdido una desde que andaba por la calle.

(PEREDA, *Sotileza*.)

Distínganse por su acento los significados de las siguientes palabras:

ésta (demostrativo)	...	*está* (verbo *estar*)
pie (sust.)	...	*pié* (verbo *piar*)
páramos (sust.)	...	*paramos* (verbo *parar*)
sábana (de la cama)	...	*sabana* (topografía)
tarde (sust.)	...	*tardé* (verbo *tardar*)
gusto (sust.)	...	*gustó* (verbo *gustar*)
célebre (adjetivo)	...	*celebre* y *celebré* (verbo *celebrar*)

NOTA. En la pronunciación y en la escritura de algunos vocablos cultos o técnicos se cometen a menudo errores como *telégrama*, *périto*, por *telegrama*, *perito*. En casos de duda, véase el VOCABULARIO ORTOGRÁFICO que figura al final de este libro o consúltese el diccionario.

4. Signos de puntuación

Los signos de puntuación sirven para marcar las pausas, aclarar el sentido de lo escrito o indicar algunos matices de la expresión.

Los más usuales son los siguientes:

Coma	,	Exclamación	¡ !
Punto y coma	;	Paréntesis	()
Dos puntos	:	Diéresis o crema . . .	..
Punto	.	Comillas	«»
Puntos suspensivos.	...	Guión	-
Interrogación . . .	¿ ?	Raya	—

COMA

Sirve para indicar las pausas menores que deben hacerse en la lectura.

Se emplea, principalmente, en los siguientes casos:

1.º En las enumeraciones, para separar dos o más partes de la oración, seguidas y de la misma clase: *La habitación era húmeda, triste, oscura, silenciosa.*

Cuando el último elemento de la enumeración va unido al anterior por medio de *y, o, ni,* se suprime entre ellos la coma: *Diego, Luis, Felipe y Antonio son mis amigos predilectos. No tiene más ocupación que comer, beber, dormir y divertirse. Bueno, malo o regular. Ni joven ni viejo.*

2.º Para separar las oraciones de una cláusula, vayan o no precedidas de conjunción: *Al apuntar el alba cantan las aves, el campo se alegra, y el ambiente cobra movimiento y frescura.*

3.º El nombre en vocativo (es decir, para llamar) lleva coma detrás si va al principio de la frase; si está intercalado en la oración la llevará antes y después: *Camarero, traiga otra botella de cerveza. Le aseguro, María, que no he podido venir antes.*

4.º Cuando una oración se interrumpe para intercalar en ella una frase que aclara o amplía lo que se está diciendo, esta frase, que suspende momentáneamente el relato principal, se encierra entre dos comas: *Mi padre, hombre de mucha experiencia, comprendió en seguida que se trataba de un asunto importante. Los vientos del Sur, que en aquellas abrasadas regiones son muy frecuentes, ponen en grave conflicto a los viajeros.*

5.º Suelen ir precedidas y seguidas de coma las expresiones *esto es, es decir, de manera, en fin, por último, por consiguiente, sin embargo, no obstante* y otras parecidas. *La enfermedad parece grave, es decir, más grave de lo que esperábamos. Tales incidentes, sin embargo, no se repitieron por entonces.*

PUNTO Y COMA

Generalmente indica una pausa un poco más larga

que la de la coma. Se usa en los siguientes casos:

1.º Para dividir las diversas oraciones de una cláusula larga, que ya lleven una o más comas: *Aunque ya había trabajado toda la mañana, tenía empeño en acabar pronto su labor; se levantó de la mesa dispuesto a no dejarla, fuese por lo que fuese, hasta que quedara terminada.*

2.º En cláusulas de alguna extensión, antes de las conjunciones adversativas *mas, pero, aunque,* etcétera: *Ésa es la pena que yo tengo y la que tú debes tener, Sancho; pero de aquí adelante yo procuraré haber a las manos alguna espada hecha por tal maestría, que al que la trujere consigo no le puedan hacer ningún género de encantamientos.* Cuando la cláusula es breve, basta con una coma: *Quería salir, pero no pude.*

3.º Cuando a una oración sigue, precedida de conjunción, otra que no tiene perfecto enlace con la anterior: *Con esto terminó aquel impresionante discurso; y los circunstantes fueron saliendo poco a poco.*

DOS PUNTOS

Los dos puntos denotan una pausa larga. Se diferencian del punto en que van siempre seguidos de una aclaración o continuación.

Se emplean:

1.º Después de los saludos con que empiezan las cartas. Ejemplo: *Muy Sr. mío: En mi poder su carta del... Querido amigo: He sabido...*

2.º Cuando se citan palabras textuales, se ha de poner dos puntos antes del primer vocablo de la cita, el cual suele principiar con mayúscula. Ejemplo:

Sócrates dictó su famosa sentencia: Conócete a ti mismo.

3.º Después de las palabras *por ejemplo, verbigracia, a saber, son los siguientes, como sigue* y otras semejantes : *Las cinco partes del mundo son las siguientes: Europa, Asia, África, América y Oceanía.*

4.º Cuando se sienta una proposición general y en seguida se comprueba y explica con otras oraciones, se la separa de éstas por medio de dos puntos : *No olvidemos nunca la supremacía del espíritu: ni las riquezas, ni la salud, ni el poderío, valen tanto como el dominio de sí mismo.* Después de los dos puntos se puede comenzar con mayúscula o minúscula.

PUNTO

Cuando el período forma sentido completo usamos el punto. El período que sigue después de punto puede empezar en el mismo renglón (*punto seguido*) o en el siguiente (*punto y aparte*), según la mayor o menor relación que guarde con el objeto del período anterior. Se llama *punto final* el que termina un escrito o una división importante de un texto (parte, capítulo, etc.).

Empleamos también el punto detrás de las abreviaturas. Ejemplo : *V.* (usted), *ptas.* (pesetas), *pral.* (principal), *kms.* (kilómetros).

EJERCICIO

Dictado:

Entremos en la catedral ; flamante, blanca, acabada de hacer está. En un ángulo, junto a la capilla en que se venera la Virgen de la Quinta Angustia, se halla la puertecilla del campo. Subamos a la torre; desde lo alto se divisa la ciudad toda y su campiña. Tenemos un maravilloso, mágico catalejo; descubriremos con él hasta los detalles más diminutos. Dirijámoslo hasta la lejanía: allá por los confines del horizonte, sobre unos lomazos redondos, ha aparecido una manchita negra; se remueve, levanta una tenue polvareda, avanza. Un tropel de escuderos, lacayos y pajes es, que acompaña a un noble señor. El caballero marcha en el centro de su servidumbre; brilla el puño de la espada; fulge sobre su pecho una firmeza de oro. Vienen todos a la ciudad; bajan ahora de las colinas y entran en la vega. Cruza la vega un río: sus aguas son rojizas y lentas; ya sesga en suaves meandros; ya se embarranca en hondas hoces. Crecen los árboles tupidos en el llano. La arboleda se ensancha y asciende por las alturas inmediatas. Una ancha vereda — parda entre la verdura — parte de la ciudad y sube por la empinada montaña de allá lejos. Esta vereda lleva los rebaños del pueblo cuando declina el otoño, hacia las cálidas tierras de Extremadura. Ahora las mesetas vecinas, la llanada de la vega, los alcores que rodean el río, están llenos de blancos carneros que sobre las praderías forman como grandes copos de nieve.

(Azorín, *Castilla*.)

PUNTOS SUSPENSIVOS

Cuando queremos dejar incompleto el sentido de lo que decimos, empleamos los puntos suspensivos. En la lectura, la entonación de la voz permanece indecisa. Con ello expresamos diversos matices de incertidumbre, duda, temor: *Tiene V. razón, pero...*

A veces los puntos suspensivos producen, por contraste entre lo que precede y lo que les sigue, un efecto de ironía:

*Caló el chapeo, requirió la espada,
Miró al soslayo, fuese... y no hubo nada.*

También se usan cuando se quiere interrumpir un período, por creer innecesaria su continuación. Equivale en tal caso a las expresiones *etcétera, y así sucesivamente,* y otras : *La estancia era húmeda, oscura, triste...* Por eso los empleamos en las citas incompletas. Ejemplo : *Decía Cervantes: «Dichosa edad y siglos dichosos aquellos a quien la posteridad ha dado el nombre de dorados...»*

INTERROGACIÓN Y ADMIRACIÓN

Estos signos deben ponerse al principio y al fin de la oración que deba llevarlos : *¿Volverás esta tarde? ¡Qué alegría!*

Si las oraciones con interrogación o admiración son varias, breves y seguidas, no hay necesidad de que empiece con mayúscula más que la primera : *¿Qué ha sido de ti?; ¿has estado enfermo?; ¿por qué no has venido?*

El signo de principio de interrogación o admiración se ha de colocar donde empieza la pregunta o el sentido admirativo, aunque allí no comience el período. Ejemplo : *En estas circunstancias, ¿qué podía yo hacer?; Esperando sus noticias, ¡cuántas horas de angustia!*

Cuando lo escrito después de la interrogación o la admiración es complemento de la pregunta o de la frase exclamativa, debe comenzar con letra minúscula : *¿Se puede pasar?, preguntó el recién llegado. ¡A las armas!, gritaron todos.*

A veces, una frase es a la vez interrogativa y exclamativa. En este caso puede ponerse el signo de admiración al principio y el de interrogación al fin, o viceversa : *¡Qué injusticia es ésa, señores?*

PARÉNTESIS

Se escribe entre paréntesis la oración incidental o aclaratoria que, interrumpiendo el sentido y giro del discurso, tiene alguna relación con lo que se va diciendo. Ejemplo: *En los tiempos de Iriarte y Moratín, la primera representación de una comedia (entonces todas eran comedias o tragedias) era el mayor acontecimiento de España. El mismo año de la toma de Granada (1492) Colón descubrió América.*

Con frecuencia se sustituye el paréntesis por la raya para encerrar las frases intercaladas: *La dificultad estaba — y no era floja — en que teníamos poco dinero.*

COMILLAS

Se pone entre comillas toda frase tomada de algún texto. Cuando el trozo que se cita tiene alguna extensión, suelen ponerse comillas al principio de cada párrafo y a veces al principio de cada renglón. En este último caso las comillas deben ser inversas en todos los párrafos o renglones, menos en el primero. Ejemplos:

Dijo Balmes: «El arte de pensar bien no se aprende tanto con reglas como con modelos.»

«No quiero alargarme más en esto, pues dello se »puede colegir que cualquier parte que se lea de »cualquier historia de caballero andante ha de cau- »sar gusto y maravilla a cualquiera que la leyere; y »vuestra merced créame y, como otra vez le he di- »cho, lea estos libros, y verá cómo le destierran la »melancolía que tuviere, y le mejoran la condición, »si acaso la tiene mala.» (Cervantes.)

Se usan mucho las comillas en lo alto del renglón, tanto en impresos como en textos manuscritos o mecanografiados: «...»

GUIÓN

Cuando una palabra no cabe entera en un renglón y hay que separarla por sílabas, usamos del guión para indicar que la palabra termina en el renglón siguiente.

Las reglas sobre la manera de dividir las palabras están explicadas en el capítulo II de este libro.

También se usa el guión en los compuestos no consolidados u ocasionales: *aovado-lanceoladas*. La Academia recomienda su empleo (aunque sin carácter preceptivo) en los casos siguientes:

1.° En los gentilicios de dos pueblos o territorios en que los elementos componentes aparecen en oposición o contraste: *guerra franco-prusiana; convenio postal hispano-luso-americano; comercio franco-español*. Cuando el compuesto designa una realidad geográfica o política en que los componentes se integran con significado nuevo, se escribirá sin guión; p. ej. *hispanoamericano, checoeslovaco.**

2.° Los compuestos de nueva formación en que entran dos adjetivos, el primero de los cuales conserva su terminación masculina singular mientras que el segundo concierta en género y número con el nombre correspondiente: *lección teórico-práctica, cuerpos técnico-administrativos, hojas aovado-lanceoladas, tratado teórico-práctico*. Ya hemos dicho

---

* Con mayor fusión de los componentes se dice y escribe también *checoslovaco*; lo mismo ocurre en *yugoeslavo* y *yugoslavo*.

anteriormente que en estos compuestos el primer elemento conserva el acento escrito que le corresponde como palabra simple.

RAYA

La raya se emplea en los diálogos para indicar el cambio de interlocutor, como puede verse en el siguiente ejemplo :

Abro los ojos asombrado y me encuentro a mi elegante de pie, vestido y en mi casa a las ocho de la mañana.
— Joaquín, ¿tú a estas horas?
— ¡Querido tío, muy buenos días!
— ¿Vas de viaje?
— No, señor.
— ¿Qué madrugar es ése?
— ¿Yo madrugar, tío? Todavía no me he acostado.
— ¡Ah, ya decía yo!

En obras teatrales no se usa la raya, porque el nombre del personaje que habla la hace innecesaria. Véase, por ejemplo, el trozo que va al fin de este capítulo.

Según hemos dicho anteriormente, también se emplea la raya en vez de paréntesis para encerrar palabras o frases intercaladas en una cláusula.

DIÉRESIS

La diéresis o crema se emplea sobre la vocal *u* de las sílabas *gue, gui*, cuando la *u* debe pronunciarse con su sonido propio : *vergüenza, cigüeña, averigüé, lingüística, argüiremos.*

En verso puede emplearse cuando por necesidades métricas hay que pronunciar con hiato alguna palabra que ordinariamente se pronuncia con diptongo. Por ejemplo, el verso:

Tus desdenes son crüeles,

es octosílabo porque pronunciamos la palabra *crueles* como trisílaba, *cru-e-les.*

EJERCICIO

Dictado:

José. ¿Crees que te será fácil hallar una mujer como María?

Manuel. (*Levantándose.*) ¡Los dichosos aseguran que es muy fácil serlo! ¡Qué fácil recoger un brillante en la calle, cuando el pie le tropieza! ¡Loco desatinado quien saliese de su casa todos los días, empeñado en tropezar con uno! Soy humilde, José Luis; porque he luchado mucho con la suerte, sé que la suerte es superior a nosotros. No se envanezca nadie de la dicha. ¡Desvanecido y soberbio será quien crea merecerla!

José. (*Receloso.*) Según eso... ¿no merezco la mía?

Manuel. Una vez lograda, puede uno mostrarse digno de ella.

José. (*Acercándose a Manuel, bajo.*) ¿Tiene María alguna queja de mí?

Manuel. ¡Qué idea!

José. Vino al pensamiento, no pude callarla. Porque, como tú dices, no creo merecer la dicha de tener a María por esposa, desconfío de mi...

Manuel. Pero debes confiar en ella.

José. Es que, a veces, pienso que María no es feliz a mi lado. ¡Sabe Dios si la quiero con toda mi alma! ¡Pero no sé expresarlo! Figúrate una melodía dulcísima en la mente de un artista sublime, y como medios de expresarla los dedos torpes y trémulos pulsando un teclado desafinado... Veces hay en que mi alma toda, suspendida, va hacia ella con extática adoración..., pero el alma sólo... ¡Nunca me ha visto de rodillas y la estoy adorando siempre! No, María no sabe cuánto la quiero. Tú eres otro carácter ; seguro estoy de que habéis hablado de mí. ¿Qué te ha dicho?, ¿es dichosa conmigo? Si no lo es, yo prometo enmendarme, no puede ser por maldad mía ; no soy malvado, será por defectos que desconozco, por algunos que veo en mí y procuro vencer..., por cosas así, pequeñeces, que estará en mi mano evitar..., Dímelo todo. ¿Qué no haría yo por verla dichosa?

MANUEL. ¿Por qué no ha de serlo? ¡Defectos! ¿Quién no los tiene? A mí nada me ha dicho. Su tristeza mayor es por verte delicado : esto es lo único que sé... que no gozáis mucho por el estado de tu salud ; que no vais a diversiones ; que no tenéis mucho trato con la gente... Eso no puede ser motivo de infelicidad en un matrimonio, cuando la mujer, como María, se resigna a vivir retirada.

JOSÉ. (*Pensativo.*) Sí, nuestra vida no es muy alegre.

MANUEL. Haz por animarte. Deja los negocios ; la vida se gasta en ellos muy deprisa. No empieces a ser viejo cuando María sea joven todavía.

JOSÉ. Tienes razón. Cambiaré de vida. Siento haber emprendido ese nuevo negocio, que me tendrá todo el año sujeto. Viajaremos, frecuentaremos la sociedad, los teatros. (*Vacila como acometido de un mareo y se apoya en Manuel.*)

MANUEL. (*Alarmado.*) ¿Qué tienes?

JOSÉ. Nada, un mareo... Nada, ya pasó. (*Con rabia.*) ¿Lo ves? ¡Bueno estoy! ¡Maldita salud! Es mejor morirse.

MANUEL. ¿Quieres algo?... ¿Pasó ya?

JOSÉ. Sí, no es nada. (*Sintiendo que llega María.*) María ; no le digas una palabra, que no se alarme... Ya estoy bien. (*Animándose.*) Perfectamente... Dame un cigarro... (*Se levanta y pasea aparentando animación.*)

(BENAVENTE, *El nido ajeno.*)

5. Abreviaturas

LISTA DE ABREVIATURAS USUALES

(a)	*alias*
art. *o* art.º	*artículo*
cap. *o* cap.º	*capítulo*
cf. *o* conf.	*confesor*
D.º	*Decreto*
Dr.	*doctor*
Dup.ᵈᵒ	*duplicado*
E.	*Este*
ent.º	*entresuelo*
etc. *o* &	*etcétera*
E. U., *o bien* EE. UU. ⎱	*Estados Unidos*
U. S. A.* . . . . . ⎰	
fund	*fundador*
gral.	*general*
íd.	*ídem*
Lic. *o* Licdo.	*licenciado*

* De la expresión inglesa *United States of America* (Estados Unidos de América).

mr., mrs. . . . . . . *mártir (es)*
N. . . . . *Norte*
N. B. . . . . *Nota Bene (Nótese bien)*
NE. . . . . *Nordeste*
NO. . . . . *Noroeste*
n.° *o* núm. . . . . . *número*
O. . . . . *Oeste*
O. E. A. . . . . . . *Organización de Estados Americanos*
O. M. . . . . *Orden ministerial*
O. N. U. . . . . . . *Organización de las Naciones Unidas*
pág. . . . . *página*
p. ej. . . . . *por ejemplo*
P. D. . . . . *postdata*
pral. . . . . *principal*
prov.ᵃ . . . . *provincia*
Ptas. *o* ptas. . . . . *pesetas*
S. . . . . *Sur*
s/c. . . . . *su casa*
SE. . . . . *Sudeste*
SO. . . . . *Sudoeste*
U.N.E.S.C.O. . . . . *Organización Educativa, Científica y Cultural de las Naciones Unidas*
v. gr. *o* v. g. . . . . *verbigracia*
virg. *o* vg., vgs. . . . *virgen, vírgenes*
V.° B.° . . . . . . *visto bueno*
Vda. . . . . *viuda*

ABREVIATURAS DE CORTESÍA Y TRATAMIENTO

afmo. . . . . *afectísimo*
arz. *o* arzbpo. . . . . *arzobispo*

at.º o atto.	*atento*
B. L. M.	*besa la mano*
D.	*Don*
D.ª	*Doña*
E. P. D.	*En paz descanse*
Excmo	*Excelentísimo*
Fr.	*Fray*
Il.º	*Ilustre*
Ilmo.	*Ilustrísimo*
J. C.	*Jesucristo*
M., MM.	*Madre (es) (religiosas)*
M. I. S.	*Muy ilustre Señor*
N. S. o Ntro. Sr.	*Nuestro Señor*
N.ª S.ª o Ntra. Sra.	*Nuestra Señora*
ob u obpo.	*obispo*
P., PP.	*Padre (es) (religiosos)*
pbro. o presb.	*presbítero*
Q. B. S. M.	*que besa su mano*
Q. E. S. M.	*que estrecha su mano*
Q. E. P. D.	*que en paz descanse*
R. o Rdo.	*Reverendo*
R. I. P.	*requiescat in pace (Descanse en paz)*
S. E.	*Su Excelencia*
S. o Sn.	*San*
Smo.	*Santísimo*
Sr.	*Señor*
Sra.	*Señora*
Srta.	*Señorita*
S. S. S.	*su seguro servidor*
V., Vd. o Ud.	*usted*
VV., Vds. o Uds.	*ustedes*
V. E.	*Vuestra Excelencia (Vuecencia)*
V. S.	*Vuestra Señoría (Usía)*

ABREVIATURAS COMERCIALES

a.	*arroba*
admón	*Administración*
adm.^{or}	*administrador*
acept..	*aceptación*
apble.	*apreciable*
b.^{o}	*beneficio*
c.^{o}	*cambio*
Cap.	*Capital*
cgo. o c/	*cargo*
com.^{ón}	*comisión*
Comp., Cía., C.^{ía} o C.^{a} .	*Compañía*
cénts. *o* cts.	*céntimos*
cje.	*corretaje*
c. f. s.	
c. i. f. *o bien* cif.*	} *coste, flete y seguro*
c. a. f. *o* bien caf.**	
cta.	*cuenta*
c/c *o* cta. cte.	*cuenta corriente*
ch/.	*cheque*
d.^{o}	*daño*
desct.^{o}	*descuento*
d/f *o* d/fha.	*días fecha*
d/v.	*días vista*
d.^{o} d.	*dicho día*
d. p. v.	*doble pequeña velocidad*
d.^{na}	*docena*
\$	*duros, pesos***, dólares*
Ef. a cobrar	*Efectos a cobrar*

* Del inglés *cost. insurance and freight.*
** Del francés *coût, assurance et fret.*
*** En los países que tienen el *peso* como unidad, es frecuente añadir a la cantidad la abreviatura *m. n.* (moneda na-

f.ª *o* fact.	*factura*
F. C. *o* f. c.	*ferrocarril*
f. o. b.*	*franco a bordo*
frs. *o* fcos.	*francos*
gros.	*géneros*
f.ʳ	*favor*
g/	*giro*
g. p. *o* g/p.	*giro postal*
g. v.	*gran velocidad*
impt.ᵉ.	*importe*
Inc.	*Incorporada (Sociedad, Compañía, etc.)*
int.ˢ	*intereses*
K., Kg., Kgs.	*kilo, kilogramo, kilogramos*
L/ *o* l/	*letra*
lbrs.	*libras*
£	*libras esterlinas*
liq.	*líquido*
m/acep. *o* m/a. . . .	*mi aceptación*
n/acep. *o* n/a. . . .	*nuestra aceptación*
m/cgo. *o* m/c. . . .	*mi cargo*
n/cgo. *o* n/c. . . .	*nuestro cargo*
s/cgo. *o* s/c. . . .	*su cargo*
m/c *o* m/cta. . . .	*mi cuenta*
n/c *o* n/cta. . . .	*nuestra cuenta*
s/c *o* s/cta. . . .	*su cuenta*
m/cc.	*mi cuenta corriente*
n/cc.	*nuestra cuenta corriente*
s/cc.	*su cuenta corriente*

cional) para que no se interprete como pesos de otro país, sobre todo en la correspondencia internacional, p. ej.: *Las pérdidas se calculan en $ 200.000 m. n.*

* Del inglés *free on board.*

m/e.	mi entrega
Merc. Grales.	Mercaderías Generales
m/f.ʳ	mi favor
n/f.ʳ	nuestro favor
s/f.ʳ	su favor
m/fha.	meses fecha
m/fra.	mi factura
n/fra.	nuestra factura
s/fra.	su factura
m/g.	mi giro
n/g.	nuestro giro
s/g.	su giro
m/l.	mi letra
n/l.	nuestra letra
s/l.	su letra
m./n.	moneda nacional
m/o.	mi orden
n/o.	nuestra orden
s/o.	su orden
m/p.	mi pagaré
n/p.	nuestro pagaré
s/p.	su pagaré
m/r.	mi remesa
n/r.	nuestra remesa
s/r.	su remesa
m/t.	mi talón
n/t.	nuestro talón
s/t.	su talón
o/	orden
P/ o p/	pagaré
pdo.	pasado
p/v.	pequeña velocidad
Pérd.ˢ y Ganan.ˢ . . .	Pérdidas y Ganancias
pl.	plazo
%	por ciento

‰	*por mil*
P. A. *o* p/a.	*por autorización*
P. O. *o* p/o.	*por orden*
P.P. *o* p/p.	*por poder*
pmo.	*próximo*
p. pdo. *o* ppdo. . . .	*próximo pasado*
qq.	*quintales*
Qm.	*quintal métrico*
r/	*remesa*
s/	*sobre*
Snos., Sob.ª *o* Sobnos. .	*sobrinos*
S.ᵈᵃᵈ	*Sociedad*
S. A.	*Sociedad Anónima*
S. A. E.	*Sociedad Anónima*
	Española
S. en C.	*Sociedad en Comandita*
S. L., *o* Sdad. Lda. . .	*Sociedad Limitada*
S. E. *u* O.	*Salvo error u omisión*
Tm.	*tonelada métrica*
v/	*vista*
v/r.	*valor recibido*
vt.º	*vencimiento*

ABREVIATURAS OCASIONALES

Además de estas abreviaturas, de uso más o menos general, se emplean otras muchas en determinadas ciencias o profesiones. Por ejemplo, entre eruditos y literatos, *B. AA. EE.* significa *Biblioteca de Autores Españoles; t.* se emplea por *tomo; vol.* o *vols.* por *volumen* o *volúmenes.* En las oficinas de Correos, *Barna,* es abreviatura de *Barcelona.* En los tratados de Botánica, *L.* significa *Linneo,* y en Trigonometría *sen,* y *cos.* indican *seno* y *coseno,* respectivamente.

Es frecuente que en los libros figure una tabla o índice de las abreviaturas empleadas para representar las palabras que se usan más a menudo, por ejemplo en los Diccionarios *adj.* por *adjetivo, m. (masculino) f. (femenino), n. (neutro),* etc., etc.

Se extiende en la actualidad la costumbre de abreviar juntando las letras iniciales de las palabras que forman una expresión, como *GGS (centímetro, gramo, segundo),* y de esta abreviatura se ha formado la denominación de *sistema cegesimal.* Varias entidades industriales se nombran juntando las letras iniciales, por ejemplo *Seat* (Sociedad Española de Automóviles de Turismo, S. A.; *Campsa* (Compañía Arrendataria del Monopolio de Petróleos, Sociedad Anónima); *Renfe* (Red Nacional de los Ferrocarriles Españoles). En algunos casos han llegado a formarse así nombres comunes, como *radar,* de las iniciales de la frase inglesa *Radio Detection and Range* y buen número de denominaciones de productos comerciales partidos políticos, sindicatos, etc.

6. Expresiones

EN UNA SOLA PALABRA

abajo
acaso
acerca
adelante
además
adentro
adonde
adrede
afuera
ahora
alrededor
anoche
anteanoche
anteayer
antebrazo
antecámara
antedicho
antefirma
antemano
anteojo
antepasado
antesala
aparte

apenas
aprisa
arriba
asimismo
atrás
aunque
besalamano
bienestar
bienhechor
conmigo
contigo
contramaestre
contraorden
contrapeso
contratiempo
cualquiera
cualesquiera
cumpleaños
debajo
dondequiera
encima
enfrente
enhorabuena

entreacto
entresuelo
entretanto
entretiempo
entrevista
extremaunción
ferrocarril
guardabarrera
guardabosque
guardacostas
guardagujas
guardapolvo
guardarropa
limpiabarros
limpiabotas
malcriado
maldiciente
malestar
malgastar
mediodía
parabién
paracaídas
pararrayos

pasamano
pasaporte
pasasatiempo
pisapapel
portamonedas
portaplumas
quehacer
quienesquiera
quienquiera
quitamanchas
quitasol
sacacorchos
sacamuelas
salvavidas
santiamén
semicírculo
sino
sinnúmero
sinvergüenza
siquiera
sobrehumano
sobremesa
sobrenatural

sobrepeso	sordomudo	todavía	vicerrector
sobreponer	también	vicecónsul	vicesecretario
sobrevivir	tiralíneas	vicepresidente	viceversa

EN DOS PALABRAS

a ciegas	a veces	de sobra	en tanto
a cuestas	ab intestato	de veras	en vano
a deshora	ante todo	en balde	ex profeso
a gatas	de antemano	en cuanto	no obstante
a mano	de balde	en derredor	por donde
a medias	de donde	en donde	por fin
a menudo	de prisa	en efecto	por supuesto
a pesar	de pronto	en fin	por tanto
a pie	de pie	en medio	sin duda
a propósito	de repente	en pie	sin embargo
a tiempo	de seguida	en seguida*	

* La Academia Española autoriza escribir *enseguida* como una sola palabra.

Vocabulario Ortográfico

Las palabras con sonido de *j* que no figuran en este vocabulario entre las escritas con *g*, deberán escribirse siempre con *j*.

A

abacería
abad
abadejo
abadesa
abadía
abajo
abalanzarse
abalorio
abanderado
abanderar
abandonar
abandono
abanicar
abanico
abaratar
abarcar
abarquillar

abarrotar
abastecer
abastecimiento
abasto
abate
abatimiento
abatir
abdicar
abdomen
abecé
abecedario
abedul
abeja
abejorro
Abel
Abelardo
aberración

abertura
abestiado
abeto
abierto
abigarrado
Abisinia
abismo
abjurar
ablandar
ablativo
ablución
abnegación
abnegar
abobado
abochornar
abofetear
abogacía

abogado
abogar
abolengo
abolición
abolir
abolladura
abollar
abombar
abominable
abominar
abonanzar
abonar
abono
abordaje
abordar
aborrecer
abogatarse

abotonar
abovedar
abozalar
abra
Abrahán
abrasar
abrazar
abrazo
abrevadero
abrevar
abreviar
abreviatura
abrigar
abrigo
abril
abrillantar
abril
abrochador
abrochar
abrumar
abrupto
absceso
ábside
absoluto
absolución
absolver
absorbente
absorber
abstemio
abstenerse
abstinencia
abstracción
abstracto
abstraer
abstraído
absuelto
absurdo
abuelo
abúlico
abultar
abundancia
abundar
abur
aburrir

abusar
abusivo
abuso
abyección
abyecto
acabar
acaecer
acariciar
acceder
accesión
accésit
acceso
accesorio
accidente
acción
acebo
acechar
acecho
acedera
aceite
acelerar
acelga
acémila
acendrado
acento
acentuación
acepción
acepillar
aceptar
acequia
acera
acerbo
acercar
acerico
acero
acérrimo
acertar
acertijo
acervo
acetato
acético
acíbar
acicate
acidez

ácido
acierto
acobardar
acoger
acogida
acondicionar
acongojar
aconsejar
acontecer
acorazar
acrecentar
acribar
acribillar
acrobacia
acróbata
activar
actividad
activo
actriz
acusativo
adagio
Adalberto
adaptable
adaptar
adelgazar
además
adepto
aderezar
aderezo
adherencia
adherente
adherir
adhesión
adhesivo
adición
adivinar
adjetivo
adjunto
administrar
administrativo
admirable
admirativo
adobo
adocenar

adolecer
adolescencia
adopción
adoptar
adoptivo
adorable
adoración
adormecer
adquisición
aducir
advenedizo
advenimiento
adverbio
adversario
adversidad
adverso
advertencia
advertir
adviento
advocación
adyacente
aéreo
aeronauta
aeródromo
aeroplano
aeróstato
afabilidad
afable
afianzar
afición
afirmativa
afligir
afluir
afluyendo
agencia
agenda
agente
agigantar
ágil
agilidad
agio
agiotaje
agiotista
agitación

agitar	albahaca	álgebra	ambición
agobiar	Albania	Algeciras	ambicioso
agonizar	albañal	álgido	ambiente
agraciado	albañil	alhaja	ambiguo
agradecer	albarán	Alhama	ámbito
agravar	albarda	Alhambra	ambo
agraviar	albaricoque	alhelí	ambos
agravio	albayalde	alhóndiga	ambrosía
agresivo	Albarracín	alhucema	Ambrosio
agujerear	albedrío	aligerar	ambulancia
agujero	albéitar	aliviar	ambulante
¡ ah !	albérchigo	alivio	amenaza
ahí	albergar	aljibe	amenizar
ahijado	albergue	almíbar	amnistía
ahijar	Alberique	almirez	amoníaco o
ahinco	Alberto	almizcle	amoniaco
ahogar	albino	almohada	amortización
ahondar	Albión	almorzar	amortizar
ahora	albóndiga	almuerzo	amovible
ahorcar	albor	alternativa	amparar
ahormar	alborada	alteza	ampliar
ahorquillar	alborear	altivez	amplio
ahorrar	albornoz	altramuz	amplitud
ahorro	alborotar	alubia	ampolla
ahuecar	alboroto	alucinación	ánade
ahuesado	alborozo	alucinar	analfabeto
ahumado	albricias	alumbrado	analogía
ahumar	Albufera	alumbrar	Andrés
ahuyentar	álbum	alumbre	anémona o
ajedrez	albúmina	alumno	anemona
ajenjo	albur	alusivo	anexión
ajeno	alcoba	aluvión	anexo
ajiaceite	alcohol	Álvarez	anfibio
alabar	alcohólico	Álvaro	anfibología
alabarda	aldaba	alveolo o	ángel
alabastro	aldabazo	alvéolo	angina
alacena	aldabón	alza	anhelar
alambicar	aleluya	alzar	anhelo
alambique	aleve	amabilidad	anhídrido
alambre	alevosía	amable	anhidro
Álava	alfabético	amanecer	Aníbal
alba	alfabeto	amasijo	Aniceto
albacea	alfombra	amazona	animadversión
Albacete	algarabía	ámbar	anís
albada	algarroba	Amberes	aniversario

anochecer
anteayer
anteceder
antecesor
antediluviano
antelación
anteojo
antevíspera
anticipar
anticipo
antifaz
antigüedad
antiguo
antimonia o
    antimonía
antojo
ántrax
antropofagia
antropología
anunciar
anuncio
anverso
anzuelo
apacentar
apacible
apaciguar
aparecer
aparición
apéndice
apercibir
aperitivo
apetecer
ápice
aplazar
apogeo
apología
apoplejía
apoyar
apoyo
apreciar
aprehender
aprehensión
aprender
aprendiz
aprendizaje

aprensión
aprensivo
aprobación
aprobar
aprovechar
aproximación
aproximar
aptitud
apto
aquiescencia
árabe
Arabia
arancel
Aranjuez
arbitraje
arbitrar
arbitrariedad
arbitrario
arbitrio
árbitro
árbol
arbolar
arboleda
arboricultor
arbusto
arcabuz
arcángel
arcediano
arcilla
arcipreste
archivar
archivo
Argel
Argelia
argentífero
argentino
argüir
armería
armonía
armonio
arpa
arpegio
arqueología
arqueológico
arqueólogo

arrabal
arrebatar
arrebato
arrebol
arrebujar
arriba
arribada
arribar
arroba
arrojo
arrollar
arroyo
arroz
arzobispo
asaz
ascender
ascensión
ascenso
Asdrúbal
aseveración
aseverar
asfixia
asfixiar
asiduo
asimismo
asociación
asociar
aspaviento
asta
astringente
astringir
astrología
astrólogo
Asunción
atajo
atalaya
atavío
atisbar
atizar
Atlántico
Atlas
atleta
atmósfera
atravesar
atrayente

atreverse
atrevido
atrevimiento
atribución
atribuido
atribuir
atribularse
atributo
atroz
audición
auditivo
auge
aullar
aullido
austríaco
autobiografía
automóvil
autopsia
autorizable
autorización
autorizar
auxiliar
auxilio
aval
avalancha
avalar
avalorar
avaluar
avance
avanzar
avaricia
avariento
avaro
avasallar
ave
avecindar
Avelino
avellana
avemaría
avena
avenencia
avenida
avenir
aventajar
aventar

aventura
aventurar
avergonzar
avería
averiguar
aversión
avestruz
aviación
avezar
aviador
aviar
avicultor
avicultura
avidez

ávido
avieso
Ávila
Avilés
avío
avión
avisar
aviso
avispa
avivar
avizor
axioma
¡ ay !
ayer

ayo
ayuda
ayudante
ayudar
ayunar
ayuno
ayuntamiento
azabache
azada
azadón
azafrán
azahar
azar
ázoe

azogue
azoramiento
azorar
azotar
azote
azotea
Azpeitia
azúcar
azucena
azufre
azul
azulejo
azumbre

B

bailar
baile
Bailén
baja
bajá
bajada
bajamar
bajar
bajel
bajeza
bajo
bala
balada
baladí
balance
balancín
balandro
balanza
balar
balaustre
Balbina
balbucear
Balcanes
balcón
baldar
balde

baldear
baldeo
baldío
Baldomero
baldón
baldosa
Baleares
balido
baliza
balneario
balón
balsa
balsámico
bálsamo
Baltasar
Báltico
baluarte
ballena
ballesta
bambalina
bambú
banana
banasta
banca
banco
banda

bandada
bandeja
bandera
banderín
bandido
bando
bandolero
bandolina
bandurria
banquero
banqueta
banquete
banquillo
bañar
baño
baptisterio
baqueta
bar
baraja
baranda
baratija
barato
baratura
barba
Bárbara
barbarismo

bárbaro
Barbastro
barbería
barbero
barbo
barca
barcarola
Barcelona
barco
bario
barita
barítono
barniz
barómetro
barón
barquero
barquillo
barra
barrabasada
barraca
barranco
barrera
barreno
barreño
barrer
barrera

barrica
barricada
barriga
barril
barrio
barro
barrote
barullo
Bartolomé
báscula
base
Basilea
basílica
Basilio
Basilisa
basilisco
basta
bastante
bastar
bastardilla
bastardo
bastidor
bastimento
basto
bastón
bastonería
basura
bata
batacazo
batalla
batallón
batán
batería
batida
batidor
batir
batirse
batista
baturro
batuta
Baudilio
baúl
bauprés
bautismo
Bautista

bautizar
bávaro
Baviera
baya
bayeta
bayo
Bayona
bayoneta
baza
bazar
beato
Beatriz
beber
beca
becerro
becuadro
bedel
beduino
befa
begonia
Béjar
Belchite
beldad
Belén
beleño
belga
Bélgica
bélico
beligerante
belitre
Belgrado
bellaco
belladona
belleza
bello
bellota
bemol
bencina
bendecir
bendición
bendito
benedictino
beneficencia
beneficio
benéfico

benemérito
beneplácito
benevolencia
benévolo
bengala
Benicarló
benigno
Benítez
Benito
Benjamín
benjuí
benzoato
benzol
beodo
berbiquí
berenjena
Berga
bergamota
bergante
bergantín
Berlín
berlina
bermejo
bermellón
Bermeo
Berna
Bernabé
Bernardo
berrendo
berrinche
berro
Berta
besar
beso
bestia
besugo
Betanzos
betún
bey
biberón
biblia
bíblico
bibliografía
biblioteca
bicarbonato

bicicleta
bicho
biela
bien
bienestar
bienhechor
bienio
bienvenida
bifurcación
bifurcarse
bigornia
bigote
Bilbao
bilingüe
bilis
billar
billete
billón
bímano   o
   bimano
binóculo
binomio
biografía
biología
biombo
bípedo
biplano
birrete
birria
bis
bisabuelo
bisagra
bisel
biselado
bisiesto
bisílabo
bismuto
bisonte
bisturí
bisutería
bizantino
bizarro
bizco
bizcocho
biznieto

blanco
blandir
blando
Blas
blasfemia
blasón
blindaje
blindar
blonda
bloque
bloquear
bloqueo
blusa
boa
boardilla
boato
bobina
bobo
boca
boceto
bocina
bocoy
bochorno
boda
bodega
bofetada
boga
bogar
Bogotá
Bohemia
bohemio
bohío
boina
boj
bol
bolchevique
boleta
boletín
boliche
bólido
bolillo
Bolivia
boliviano
Bolonia
bolsa

bolsillo
bollo
bomba
bombardino
Bombay
bombilla
bombo
bombón
bonachón
bonaerense
bonanza
bondad
bonete
Bonifacio
bonificar
bonito
bono
boquerón
boquete
boquilla
bórax
borbotón
borceguí
bordar
borde
bordear
bordo
bordón
boreal
Borgoña
bórico
borla
borne
boro
borra
borracho
borrador
borraj
borraja
borrar
borrasca
borrego
borrico
borrón
borroso

bosque
bosquejar
bostezar
bote
botadura
botaruego
botánica
botar
botarate
bote
botella
botero
botica
boticario
botijo
botillería
botín
botina
botón
bóveda
bovino
boxear
boxeo
boya
boyero
bozal
bozo
bracero
bramante
bramar
branquia
brasa
brasero
bravata
bravío
bravo
bravucón
braza
brazal
brazalete
brazo
brea
brebaje
brecha
brega

breva
breve
breviario
bribón
brida
brigada
Brígida
brillante
brillar
brincar
brindar
brindis
brío
brioso
brisa
brizna
brocado
brocha
broche
broma
bromo
bromuro
bronca
bronce
bronquio
brotar
broza
bruja
brújula
bruma
bruñir
brusco
bruto
bucear
buche
bucle
Buenaventura
bueno
buey
búfalo
bufanda
bufete
bufón
buhardilla
búho

buhonero
buitre
bujía
bula
bulbo
bulto

bulla
bullicio
buñuelo
buque
burbuja
burdo

burgués
buril
burla
burocracia
burro
bursátil

buscar
busto
butaca
buzo
buzón

C

cabal
cabalgadura
cabalgar
cabalgata
caballería
caballero
caballete
caballo
cabaña
cabecear
cabecera
cabecilla
cabellera
cabello
cabe
cabestrillo
cabestro
cabeza
cabida
cabila
cabildo
cabizbajo
cable
cabo
cabotaje
cabra
cabrestante
cacahuete
cacao
cacería
cacerola
cacique
cachaza
cachivache

cadáver
Cádiz
café
caído
cajero
cajetilla
cajetín
cajita
cajista
calabaza
calabozo
Calahorra
calambre
calavera
calcetín
calcinar
cálculo
calefacción
calibre
calificar
Calixto
cáliz
calmar
calumniar
calva
calvario
calvicie
calvo
calzada
calzar
calzón
callar
calle
callo

cambiar
cambio
camisería
cancelar
canciller
canción
caníbal
canje
canon
canonjía
cántara
cantatriz
cántiga o
     cantiga
cañamazo
cañaveral
caoba
caolín
capacidad
caparazón
capataz
capaz
capazo
capítulo
carabela
carabina
carácter
caracteres
¡ caramba !
carambola
caravana
carbón
carbonería
carbonato

carbono
carburo
cárcel
cardíaco o
     cardiaco
carecer
carey
caribe
caricia
caries
caritativo
cariz
Carlos
Carmen
carnaval
carnicería
carnívoro
carroza
cartabón
Cartagena
cartaginés
cascabel
casquivano
castizo
catecismo
caterva
catorce
cauce
cautivar
cautivo
cava
cavar,
cavidad
caverna

cayado	centena	ciclo	claraboya
Cayetano	centeno	ciclón	clavar
caza	centimano	cidra	clave
cazuela	céntimo	ciego	clavel
cebada	centinela	cielo	clavícula
cebo	central	cien	clavija
cebolla	centrífugo	ciencia	clavo
cebra	ceñir	cieno	clorhídrico
cecear	cepa	cierre	club
ceceo	cepillo	cierto	clueca
cedazo	cera	ciervo	coadjutor
ceder	cerámica	cifra	coalición
cedro	cerca	cigarra	cobalto
cédula	cercar	cigüeña	cobarde
cefalalgia	cerciorar	cilindro	cobertizo
céfiro	cerco	cima	cobijar
cegar	cerda	cimentar	cobre
ceja	cerdo	cinc	cocer
celada	cereal	cincel	cocina
celador	cerebro	cinco	codiciar
celaje	ceremonia	cincuenta	codicilo
celar	cereza	cinegético	codorniz
celda	cerilla	cínico	coeficiente
celebrar	cerner	cinta	coger
célebre	cernícalo	ciprés	coherencia
celeste	cero	circo	coherente
celibato	cerrajería	círculo	cohesión
célibe	cerrajero	circunstancia	cohesivo
celo	cerrar	circunvalación	cohete
celosía	cerro	cirio	cohibir
célula	cerrojo	ciruela	cohombro
celulosa	certamen	cirugía	coincidir
cementerio	certero	cirujano	cojear
cemento	certeza	cisne	cojín
cena	certificar	cisterna	colaborador
cencerro	cerveza	cita	colaborar
cenefa	cerviz	citar	colectividad
cenit	cesar	cítara	colectivo
cenital	César	cítrico	colega
ceniza	cesión	ciudad	colegial
censo	césped	cívico	colegio
censor	cesto	civil	colegir
censura	cetro	civilización	coligarse
centavo	cicatriz	cizalla	Colombia
centella	ciclista	cizaña	colombiano

colombófilo
colonizar
columna
columpio
collar
comba
combate
combinar
combustible
comenzar
comerciar
comitiva
compaginar
comparecencia
compás
compasivo
compatibilidad
complacer
complexión
completo
cómplice
comprensible
compresible
comprobar
compungirse
cómputo
concavidad
cóncavo
concebir
conceder
concentrar
concéntrico
concepción
concepto
concertar
concertista
concesión
conciencia
concienzudo
concierto
conciliar
concilio
concisión

cónclave y
   conclave
concluyente
condescender
condición
condiscípulo
cóndor
conductibilidad
conexión
confabular
confidencial
confitería
congelar
congeniar
congénito
congestión
conjetura
conjunción
conmoción
conmover
conmutación
connivencia
consabido
consciente
consecución
consejero
conserje
conservar
consola
constitución
constituido
consunción
contabilidad
contable
contagio
contexto
contingencia
contingente
continuo
contrabajo
contrabando
contrahecho
contraje

contravención
contraveneno
contrayente
contribución
contribuir
controversia
controvertir
convalecencia
convalecer
convencer
convención
convenio
convenir
convento
convergente
conversación
conversar
convertir
convexo
convicción
convicto
convidar
convincente
convite
convivir
convocar
convoy
convulsión
cónyuge
cooperativa
coraje
coraza
corazón
corbata
corbeta
corcel
correaje
correctivo
corregir
correlativo
correligionario
corretaje
corrigiendo

corroborar
corrosivo
corrupción
corsetería
corteza
corva
corveta
corzo
cotizar
coyuntura
creer
criba
cronología
crucero
crujir
cuadregésimo
cuadrúmano o
   cuadrumano
cuadrúpedo
cualitativo
cuantitativo
cuarentavo
cuarzo
cuba
cúbico
cubierto
cubilete
cúbito
cubo
cucúrbita
cuello
cuentahilos
cuervo
cueva
cuévano
culebra
culpabilidad
cultivar
curativo
curva
cuyo

CH

chabacano
chacina
chancear
chanza
chapucero

chaval
chillar
chimpancé
chirimoya
chirivía

chivo
chocolatería
chorizo
choza
chubasco

chumbera
chumbo
chuzo

D

dádiva
Darío
dativo
debajo
debate
debatir
deber
débil
débito
decagramo
decalitro
decámetro
decena
decencia
decepción
decidir
decigramo
decilitro
decímetro
decir
decisión
decisivo
declive
defensivo
deficiencia
déficit
definición
definitivo
defunción
degenerar
deglución
dehesa

deleznable
deliberar
delicioso
demolición
demostrativo
depravar
depreciación
depresivo
derivar
derribar
derrumbar
desagravio
desahogar
desahogo
desahuciar
desahucio
desaprobar
desaprovechar
desarbolar
desautorizar
desavenencia
desavío
desayuno
desazón
desbancar
desbandada
desbarajuste
desbaratar
desbarrar
desbastar
desbocar
desbordar

desbravar
descabellar
descalzar
descender
descenso
descentralizar
descentrar
descerrajar
descifrar
desclavar
desconcertar
desconocer
descorazonar
descoyuntar
describir
descripción
descubierto
descubrir
desecho
desembalar
desembarazar
desembarcar
desembocar
desembolsar
desembuchar
desencoger
desenhebrar
desenlace
desenlazar
desenvainar
desenvoltura
desenvolver

desenvuelto
deserción
desfavorable
desesperanzar
deshabitar
deshabituar
deshacer
deshebrar
deshecho
deshelar
desheredar
deshielo
deshilar
deshilvanar
deshinchar
deshipotecar
deshojar
deshollinador
deshollinar
deshonesto
deshonor
deshonra
deshonrar
deshora
deshuesar
desliz
deslizar
deslucir
deslumbrar
desmayar
desmayo
desmembrar

desmenuzar
desnivel
desobedecer
despectivo
desprestigiar
desprevenir
desprovisto
después
desquiciar
desvalido
desvalijar
desván
desvanecer
desvarío
desvelar
desvelo
desvencijar
desventaja
desventura
desvergüenza
desvío
desvirtuar
desvivirse

devanar
devastar
devengar
devoción
devolución
devolver
devorar
devoto
devuelto
dextrina
dibujar
Díez
diez
digerir
digestión
digestivo
digital
dígito
dije
diligencia
dilución
diluvio
diminutivo

dinamo o
   dínamo
dirigir
discernir
disciplina
discípulo
disconforme
disentería o
   disentería
disolver
dispositivo
distintivo
distraído
distribuir
distributivo
disturbio
disyuntivo
ditirambo
diva
divagar
diván
divergencia
diversidad

diversión
diverso
divertido
divertir
dividir
divieso
divino
divisa
divisar
divisibilidad
divisible
división
divisor
divorciar
divorcio
divulgar
doblar
docente
dolmen
donativo
doncella
dubitativo
dúo

E

ebanista
ébano
ebonita
ebullición
efectividad
efervescencia
eficaz
eficiente
efigie
efluvio
egipcio
Egipto
egregio
¡eh!
Eibar
eje
ejecución

ejecutar
ejecutivo
elaborar
elegía
elegir
Elena
elevación
elevar
elíxir o elixir
elogio
Eloísa
Elvira
ello
embadurnar
embajada
embalaje
embalar

embaldosar
embalsamar
embalsar
embarcación
embarcar
embargar
embargo
embarrancar
embaucar
embeleso
embellecer
embestir
embetunar
emblanquecer
emblema
embobar
embolia

émbolo
emboquillar
emborrachar
emboscada
emboscar
embotar
embotellar
embozar
embravecer
embriagar
embrión
embrocación
embrollar
embrujar
embrutecer
embuchar
embudo

embuste
embutido
embutir
emergente
emerger
emisión
emoción
empavesar
empezar
emplazar
empobrecer
empolvar
emponzoñar
empuje
enaguas
enajenar
enarbolar
encabezar
encaje
encalabrinar
enciso
enclavar
encoger
encorvar
encubierto
encumbrar
endósmosis o
    endosmosis
energía
enervar
enfermizo
enflaquecer
enfurecer
engarzar
engendrar
englobar
enhorabuena
enhoramala
enhornar
enjabonar
enjaezar
enjambre
enmohecer
enmudecer
ennegrecer

ennoblecer
enrevesado
enriquecer
enrojecer
ensayar
entibiar
entrambos
entrever
enturbiar
envainar
envalentonar
envanecer
envasar
envejecer
envenenar
envestir
enviar
envidia
envilecer
envío
enviudar
envoltorio
envoltura
envolver
epigrama
epíteto
equipaje
equitativo
equivalencia
equivocar
erigir
ermita
erupción
eruptivo
esbelto
esbirro
esbozo
escabeche
escabel
escabroso
escabullirse
escalofrío
escamotear
escandinavo
escarabajo

escarbar
escarmentar
escaso
esclarecer
esclavo
esclusa
escoba
escocer
escoger
escombro
esconder
escribanía
escribano
escribir
escrúpulo
escrutinio
escuadra
escurrir
eslabón
espanto
esparcir
espectro
especular
especulativo
espejismo
espera
espeso
espía
espiar
espiral
espirar
espíritu
espléndido
esplendor
espliego
espolvorear
espontáneo
espuma
esquivar
esquivo
estabilidad
establecer
estambre
Esteban
esterilizar

estiba
estibar
estiércol
estigma
estirpe
estival
estorbar
estorbo
estrambótico
estrangular
estratagema
estrategia
estratosfera
estrechar
estrecho
estrella
estremecer
estreñir
estrépito
estribación
estribillo
estribo
estribor
estricnina
estricto
estridente
estructura
estruendo
estrujar
estupor
etimología
etíope o
    etiope
etnología
evacuar
evadir
evangelio
evaporar
Evaristo
evasión
evasiva
evento
eventual
evidencia
evitar

evocar
evolución
exacción
exactitud
exacto
exagerar
exaltar
examen
examinar
exánime
exasperar
excavación
excavar
exceder
excelencia
excelente
excelso
excéntrico
excepción
exceptuar
excesivo
exceso
excitación
excitar
exclamación
exclamar
excluir
exclusiva
exclusive
exclusivismo
exclusivo
excomulgar
excoriación
excursión
excursionista
excusa
excusable
excusado
excusar
execrar
exención
exento
exequias
exequible

exhalación
exhalar
exhausto
exhibición
exhibir
exhortar
exhorto
exhumación
exhumar
exigente
exigir
exigüidad
exiguo
exilio
eximio
eximir
existencia
existir
éxito
éxodo
exonerar
exorbitante
exorcismo
exorcizar
exordio
exósmosis o
  exosmosis
exótico
expansión
expansivo
expatriación
expatriarse
expectación
expectante
expectativa
expectorar
expedición
expediente
expedir
expedito
expeler
expendedor
expender

expensas
experiencia
experimental
experimentar
experimento
experto
expiación
expiar
expirar
explanada
explanar
explayar
explicación
explicar
explicativo
explícito
exploración
explorador
explorar
explosión
explosivo
explotación
expoliación
exponente
exponer
exportar
exposición
expósito
expresar
expresión
expreso
exprimir
expropiación
expropiar
expugnar
expulsar
expurgar
exquisito
extasiarse
éxtasis
extemporáneo
extender
extensión

extensivo
extenso
extenuar
exterior
exteriorizar
exterminar
externo
extinción
extinguir
extinto
extirpar
extorsión
extra
extracción
extractar
extracto
extradición
extraer
extrajudicial
extralimitarse
extramuros
extranjero
extrañar
extrañeza
extraño
extraordinario
extravagancia
extravagante
extravasarse
extraviar
extravío
extremado
Extremadura
extremar
extremaunción
extremeño
extremidad
extremo
extrínseco
exuberancia
exudar
exvoto
Ezequiel

F

fábrica
fábula
faccioso
faceta
facial
fácil
facilitar
facineroso
facistol
factor
facultativo
falange
falibilidad
fallar
fallecer
fallido
fallo
faringe
fascinación
favor
favorable
favorecer

favorito
faz
febrífugo
febril
fehaciente
Feijoo
Félix
feliz
fémur
fenecer
fénix
feracidad
feraz
ferocidad
feroz
ferruginoso
fértil
ferviente
fervor
festividad
festivo
fibra

ficción
fiebre
fijeza
Filiberto
filibustero
filología
filoxera
fingir
fisiología
flagelar
flamígero
flexibilidad
flexible
flexión
flojear
florescencia
fluctuar
fluido
fluvial
follaje
folleto
fonología

forcejar
forraje
forzar
fosforescencia
fotogénico
fotograbado
frágil
frambuesa
frenología
frío
frivolidad
frívolo
fuelle
fugitivo
Fulgencio
fulgente
funámbulo
furibundo
furtivo
fútbol

G

gabán
gabardina
gabela
gabinete
gacela
gaceta
gacetilla
galbana
galicismo
galvanismo
gallardo
gallego
galleta
gallina
gallo

ganzúa
garabato
garbanzo
garbo
García
garza
gastralgia
gaveta
gavilán
gavilla
gaviota
gavota
gazapo
gazmoñería
gaznápiro

gaznate
gazpacho
gelatina
gema
gemelo
gemir
genciana
gendarme
generación
general
genérico
género
generosidad
generoso
génesis

genial
genio
genitivo
genovés
Genoveva
gente
gentil
genuflexión
genuino
geodesia
geografía
geometría
geranio
Gerardo
gerencia

gerente
Germán
germánico
germano
germen
germinar
Gerona
Gertrudis
gerundense
gerundio
Gervasio
gesticular
gestión
gestionar
gesto
gestor
giba

Gibraltar
gigante
Gijón
Gil
gimnasia
gimnasta
Ginebra
Ginés
Giralda
girasol
girar
giro
gitano
gladíolo o
    glodiolo
gleba
glicerina

globo
glóbulo
gnomo o
    nomo
gobernador
gobernar
gobierno
gobio
Gómez
González
gorjeo
grabador
grabar
gracejo
gragea
granizo
granjear

grava
gravamen
gravar
grave
gravedad
gravitar
gravoso
Guadalquivir
guajira
guardapolvo
guarecer
guarnecer
guarnición
guayaba
gubernativo
Gustavo
guzla

H

ha
haba
Habana
haber
habichuela
hábil
habilidad
habilitación
habilitado
habilitar
habitación
habitante
habitar
hábito
habitual
habituar
hablador
hablar
hacendado
hacendoso
hacer
hacia
hacienda

hacina
hacinar
hacha
hache
hada
hado
¡hala!
halagar
halago
halagüeño
halcón
halconero
halo
hallar
hallazgo
hamaca
hambre
hambriento
Hamburgo
hamburgués
hampa
haragán
harapo

haraposo
harina
harinero
Haro
harpillera
hartar
harto
hasta
hastiar
hastío
haz
haza
hazaña
hazmerreír
hebilla
hebra
hebreo
hecatombe
hectárea
hectogramo
hectolitro
hectómetro
Héctor

hechicería
hechicero
hechizo
hecho
hechura
heder
hediondo
hedor
hegemonía
heladora
helar
helecho
helénico
hélice
Heliodoro
helioterapia
heliotropo
helvético
hembra
hemiciclo
hemiplejía
hemisferio
hemorragia

henchir
hender
hendidura
heno
hepático
heptágono
heptasílabo
heraldo
hercúleo
Hércules
herbívoro
herbolario
herboristería
heredad
heredar
heredero
hereditario
hereje
herejía
herencia
Heriberto
herida
herir
hermandad
hermano
Hermenegildo
hermético
Herminio
hermoso
hermosura
Hernández
hernia
héroe
heroicidad
heroico
heroína
heroísmo
herpe
herrador
herradura
herraje
herramienta
herrar
herrería
herrero

hervir
heterogéneo
hexaedro
hexágono
hexasílabo
hidalgo
hidalguía
hidra
hidráulico
hidrófilo
hidrofobia
hidrófobo
hidrógeno
hidroplano
hidroterapia
hiedra
hiel
hielo
hiena
hierba
hierro
hígado
higiene
higiénico
Higinio
higo
higrómetro
higuera
hijastro
hijo
hila
hilado
hilar
hilaridad
Hilario
hilaza
hilera
hilo
hilván
hilvanar
himno
hincapié
hincar
hinchar
hinchazón

hinojo
hipérbaton
hipérbola
hipérbole
hipertrofia
hípico
hipnotismo
hipo
hipocondrio
hipocresía
hipodérmico
hipódromo
hipofosfito
hipogástrico
hipogeo
Hipólito
hipopótamo
hiposulfito
hipoteca
hipotenusa
hipótesis
hipotético
hirviente
hisopo
Hispania
hispano
histérico
historia
histórico
hocico
hogaño
hogar
hogaza
hoguera
hoja
hojalata
hojalatero
hojaldre
hojarasca
hojeada
hojear
¡ hola !
Holanda
holandés
holgado

holgar
holgazán
holgorio
holgura
holocausto
hollar
hollín
hombre
hombrera
hombro
homenaje
homeópata
homeopatía
homeopático
homicida
homicidio
Homobono
homogéneo
homólogo
homónimo
honda
honestidad
honesto
hongo
honor
honorable
honorario
Honorato
Honorio
honra
honradez
honrado
honrar
hora
horadar
horario
horca
horcajadas
horchata
horizontal
horizonte
horma
hormiga
hormigón
hormiguero

hornero	hospital	hueso	humo
hornillo	hospitalario	huésped	humor
horno	hospitalidad	huevo	humorismo
horóscopo	hostelero	Hugo	humorista
horquilla	hostería	huida	humorístico
horrendo	hostia	huir	hundimiento
horrible	hostigar	hule	hundir
horripilante	hostil	hulla	húngaro
horripilar	hostilidad	humanidad	Hungría
horror	hotel	humanitario	huno
horroroso	hoy	humano	huracán
hortaliza	hoyo	Humberto	huraño
hortelano	hoz	humear	hurón
Hortensia	hucha	humedad	¡ hurra !
hortera	hueco	humedecer	hurtadillas
horticultor	huelga	húmedo	hurto
horticultura	Huelva	húmero	hurtar
hospedaje	huella	humildad	húsar
hospedar	huérfano	humilde	husmear
hospedería	huerta	humillación	huso
hospicio	Huesca	humillar	¡ huy !

I

Iberia	impermeable	inapreciable	individuo
ibérico	imperturbable	inaudito	indiviso
ibero	implícito	inclusive	indulgencia
Ibiza	imposibilidad	incoherencia	Inés
ignición	imprescindible	incombustible	inexorable
ilegible	imprevisto	incomparable	inexpugnable
ilegítimo	ímprobo	incompatible	inextinguible
imagen	improcedente	incomprensible	inflexible
imaginar	improvisar	inconcebible	inflexión
imbécil	improviso	inconsciente	influido
imberbe	improvisto	incontrovertible	infringir
imbuir	impugnar	inconveniente	ingenio
impaciencia	impulsivo	incorregible	ingenuidad
imparcial	inaccesible	incubar	ingenuo
impasible	inactivo	incumbencia	inhábil
impávido	inadvertido	indígena	inhabitable
impenetrable	inamovible	indigencia	inhabitado
imperativo	inanición	indigestión	inhalación
imperdible	inapelable	indigesto	inhalar

inherente
inhibición
inhibir
inhospitalario
inhumano
inhumar
injerencia
injerir
injertar
injerto
inmóvil
innovación

inscribir
insolvencia
instancia
instructivo
instruido
inteligencia
inteligible
intemperie
ínterin
interjección
intervalo
intoxicación

intoxicar
invadir
inválido
invencible
inventar
inventariar
inventario
invernáculo
invertir
investigar
invicto
invierno

invitar
invocar
involucrar
inyección
inyectar
irreflexión
irreflexivo
irrupción
istmo

J

jabalí
jabato
jabón
Jacinto
jarabe
Játiva
Javier
jefatura
jefe
Jenaro
jengibre
jerarquía
Jeremías
Jerez

jerga
jergón
jerigonza
jeringa
jeroglífico
Jerónimo
jersey
Jerusalén
Jesucristo
Jesús
jícara
Jigona
jilguero
jinete

jipijapa
jirafa
Jorge
joroba
joven
jovial
joya
joyería
jubileo
júbilo
jubón
juego
jueves
juez

jugar
juvenil
juzgar

K

kilo
kilogramo
kilolitro
kilométrico
kilómetro

L

laberinto
labio
labor
laboratorio
labrador
lacayo
Lamberto
lampistería
laringe

laringoscopia
larva
lavabo
lavandera
lavar
lavativa
laxante
laxar
lebrillo

lechería
leer
legible
legión
legislación
legislar
legislativo
legitimar
legitimidad

legítimo
lejía
lencería
lenitivo
lenguaje
levadizo
levadura
levantar
levante

levita
léxico
lexicología
leve
ley
leyenda
lezna
libélula
liberal
libertad
librería
lienzo
ligero
limítrofe
linaje

lío
Lisboa
litigio
liturgia
liviano
lívido
lobo
lógica
longevidad
longitud
López
lotería
Luis
lumbre
luxación

LL

llaga
llama
llamar
llamarada
llamativo
Llanes
llano
llanta
llave

llegar
lleno
llevar
llorar
llover
lloviznar
lluvia
lluvioso

M

macizo
magia
mágico
magín
magisterio
magistrado
magistral
magistratura
magnesia
magnetizar
magnificencia
mahometano
Mahón
maíz
majestad
majestuoso
malbaratar
malévolo
malhechor
malherir
malhumorado
malhumor
malva
malvado
malvasía

malvavisco
malversar
malla
mancebo
mandíbula
maquiavélico
marabú
maravilla
margen
mármol
Martínez
masaje
mástil
Matías
mausoleo
maxilar
máxima
máxime
Maximiliano
máximo
máximum
mayal
mayo
mayor
mayoral

mayorazgo
mayordomo
mayoría
mayúscula
medula
meditabundo
Mejía
Méjico
mejilla
mellizo
meninge
menoscabo
mensaje
mensajero
mercería
metalurgia
metamorfosis
  o metamór-
  fosis
meteorología
microbio
mimbre
mineralogía
milla
millón

mío
miope
miopía
misiva
mitología
mitológico
mixto
mixtura
mnemotecnia
o nemotecnia
mobiliario
mohín
mohino
moho
mohoso
mojicón
mojiganga
mollar
molleja
monje
monstruo
mórbido
morbo
moribundo
morigerar

motivar · móvil · mueble · mutuo
motivo · movilidad · mugir
mover · movimiento · mujer
movible · mozalbete · mullido

N

nabab · negativo · nocivo · novena
nabo · negligencia · noctámbulo · noventa
naranja · nemotecnia o · nombre · noviazgo
nativo · mnemotecnia · nominativo · novicio
naufragio · neologismo · nomo o gnomo · noviembre
nauseabundo · neoyorquino · nonagésimo · novillo
navaja · nervio · Norberto · novio
nave · neuralgia · nostalgia · novísimo
navegar · nevar · notabilidad · nubarrón
Navidad · neumonía · notable · nube
naviero · niebla · novato · nublado
navío · nieve · novecientos · nueve
neblina · nitrógeno · novedad · nuevo
nebuloso · nivel · novel · nupcial
necedad · nobiliario · novela

O

obcecación · oblongo · obús · ojal
obedecer · oboe · obviar · ¡ ojalá !
obelisco · óbolo · obvio · ojeada
obertura · obra · Océano · ojear
obesidad · obrero · octavo · ojeriza
obeso · obsceno · octogenario · ojeroso
óbice · obscuro · octogésimo · ojete
obispo · obsequio · ochavo · ojiva
objeción · observar · ochocientos · ojival
objetar · observatorio · odontología · ojo
objetivo · obsesión · odontólogo · olimpíada u
objeto · obstáculo · ofensiva · olimpiada
oblea · obstrucción · oftalmía · olivar
oblicuo · obtener · ¡ oh ! · olivo
obligación · obturador · oído · olvido
obligar · obtuso · oír · olla

ómnibus
omóplato u
  omoplato
ónix
opción
opresivo
oprobio
optar
óptica

óptimo
orbe
órbita
orden
orgía
origen
original
Orihuela
Orotava

orquídea
orujo
orzuelo
ósmosis u
  osmosis
ovación
oval
ovalado
óvalo

oveja
ovillo
oxidar
óxido
oxígeno
oyente
ozono

P

pabellón
página
país
paisaje
paje
pajizo
panadería
panegírico
papagayo
papelería
papiro
parabién
parábola
Paraguay
paraje
paralelogramo
pararrayos
París
paroxismo
partitivo
párvulo
pasaje
pasajero
pasivo
patología
patrulla
pava
pavana
pavimento
pavor
pavoroso

payaso
pebetero
pecíolo
pedagogía
pelícano
peluquería
pellejo
pellizco
pentágrama o
  pentagrama
perborato
percebe
percibir
perdiz
perejil
Pérez
perfumería
periferia
período o
  periodo
perito
peritoneo
perpetuo
perseverancia
perseverar
personaje
perspectiva
persuasivo
perturbar
perversidad
perverso

pervertir
piamadre
pie
pillaje
pillo
pío
piscina
plagio
plebe
plebeyo
pleito
plebiscito
plombagina
pluvial
pluvímetro
población
pobreza
policromo
poligloto
polisílabo
polvo
pólvora
pollo
Pontevedra
porvenir
posesivo
posibilidad
posible
positivo
preámbulo
prebenda

preboste
precaver
prehistórico
prejuzgar
preparativo
pregorrativa
presagiar
presagio
presbicia
présbita
presbítero
prescribir
preservar
prestidigitador
prestigio
presuntivo
pretexto
prevalecer
prevención
prevenir
prever
previo
previsión
previsor
previsto
primavera
primitivo
primogénito
privación
privanza
privar

privativo
privilegio
probabilidad
probar
probidad
problema
probo
prodigio
productivo
profilaxis
progenitor
progresivo
prohibición

prohibir
prohijar
prohombre
prójimo
promover
proscribir
proteger
protuberancia
provecho
proveer
provenir
proverbio
providencia

provincia
provisión
provisional
provisor
provisto
provocar
provocativo
proximidad
próximo
proyectar
proyectil
proyecto
prueba

psicología o
  sicología
psíquico o
  síquico
publicar
público
pueblo
pues
pugilato
pulverizar
pungitivo
pupilaje
pupitre

Q

quebrantar
quebranto
quebrar
quechua
quehacer
quejido

quemar
quepis
querubín
¡quiá!
quichua
quilla

quimera
quince
quincallería
quincuagésimo
quimono
quiosco

quiromancia o
  quiromancía
quirúrgico
quizá

R

rabadán
rábano
rabia
rabioso
rabo
raíz
rallar
rapapolvo
raya
rayar
rayo
razonable
reactivo
rebaja
rebajar
rebanada

rebaño
rebasar
rebatir
rebato
rebelarse
rebelde
rebeldía
rebelión
reblandecer
reborde
rebosar
rebotar
rebotica
rebozar
recabar
recambio

receptáculo
receptor
recibir
recobrar
recoger
reembolsar o
  rembolsar
reembolso o
  rembolso
reemplazar o
  remplazar
reemplazo o
  remplazo
reflexión
reflexionar
reflexivo

refrigerante
refrigerio
refugio
refulgente
regencia
regentar
regente
regidor
régimen
regímenes
regimiento
regio
región
regir
registrar
registro

rehabilitar
rehacer
rehén
rehogar
rehuir
rehusar
reír
reivindicar
rejilla
rejuvenecer
relativo
relevar
relevo
relieve
religión
reloj
relojería
rellenar
Remigio
remover
renovar
reprobar
réprobo
repulsivo
resabio
resbalar
resbalón
reserva

reservar
residuo
resolutivo
resolver
respectivo
respetabilidad
responsabilidad
resquebrajar
restablecer
restringir
resumen
resurgir
retahíla
retribución
retribuir
retroactivo
retumbar
reuma
   reúma
reválida
revalidar
revancha
revelar
revender
reventar
reverbero
reverdecer
reverencia

reverendo
reversión
reverso
revés
revesado
revestir
revisar
revista
revivir
revocar
revolcarse
revolcón
revoltoso
revolución
revolver
revólver
revoque
revuelco
revuelo
revuelto
revulsión
revulsivo
rey
reyerta
ribera
ribete
rigidez
Rigoberto

río
rioplatense
rivera
róbalo
robar
Roberto
roble
robo
robusto
rodaballo
Rodríguez
Rogelio
rojizo
rollizo
rollo
rombo
ron
rotativo
rubí
rubicundez
rubio
rubor
rúbrica
rugir
ruibarbo
ruido
Ruiz
rumbo

S

sábado
sábana
sabana
sabandija
sabañón
sabedor
saber
sabiduría
Sabino
sabio
sable
sabor

saborear
sabotaje
sabroso
sacrilegio
sagitario
saliva
salmodia
salobre
salva
salvado
salvaje
salvajismo

salvar
salve
salvedad
Sánchez
sargento
sastrería
sauce
saúco
savia
saya
Sebastián
sebo

Segismundo
Segorbe
Segovia
según
seis
selva
selvático
sellar
semblante
semblanza
sembrar
semibreve

semoviente
sensitiva
septiembre
septuagésimo
Sergio
Servando
servicio
servidor
servidumbre
servil
servilleta
servio
servir
setiembre
Severiano
severidad
severo
Sevilla
sexagenario
sexagésimo
sexo
sexto
siderurgia
siervo
sigilo
sílaba
silbar

silbato
silogismo
Silverio
silvestre
Silvina
silla
símbolo
sintaxis
sinvergüenza
sirviente
Sixto
sobaco
sobar
soberano
soberbia
sobornar
sobrevenir
sobrevivir
sobrio
sociología
solvencia
solventar
solvente
sollo
sollozar
sombra
sombrerería

sombrío
somnolencia
sonámbulo
sorber
sorbete
sorbo
sotabanco
suave
suavizar
subalterno
subasta
subdivisión
subir
subjuntivo
sublevar
submarino
subordinado
subordinar
subrayar
subsanar
subscribir
subscripción
subsidio
substancia
substitución
subterfugio
suburbio

subvención
subvenir
subversivo
subyugar
sucesivo
sucumbir
sufragio
sugerir
sugestión
sujeción
sujetar
sujeto
sulfhídrico
sumergir
superávit
superfluo
superlativo
superstición
supremacía
surgir
susceptible
suscripción
suspensivo
sustantivo
suyo

T

tabaco
taberna
tabernáculo
tabique
tabla
tabular
taburete
tahalí
tahona
talla
talle
taller
tallo

tambalear
también
tambor
tangente
tangible
tarjeta
taxímetro
tecnología
tejedor
tejer
tejido
telégrafo
telegrama

temblar
temblor
teología
tergiversar
terminología
textil
texto
tibia
tiburón
tifoidea
tijera
timbre
tío

titubear
toalla
tobillo
tocayo
tocinería
todavía
Tomás
tonelaje
tórax
torbellino
tortícolis o
  torticolis
tóxico

traba
trabajar
trabar
trabuco
tragedia
trágico
traje
trajín
transeúnte
transigir
transitivo
transversal
tranvía

travesaño
travesía
travesura
travieso
trayecto
trébol
tribu
tribulación
tribuna
tribunal
tributo
trigésimo
trillar

trisagio
triunvirato
trivial
tromba
trombón
trova
trovador
truhán
tubérculo
tubería
tubo
tubular
tumba

túnel
turba
turbante
turbar
turbina
turbio
turbonada
turbulento
turrón
tuyo

U

ubicuidad
¡ uf !
ujier
úlcera
ultratumba
umbral

umbría
ungüento
universal
universidad
universo
urbanidad

urbanizar
urbano
urgencia
urgente
Uruguay
uso

usura
útil
uva
uxoricidio

V

vaca
vacación
vacante
vaciador
vaciar
vacilación
vacilar
vacío
vacuna
vacunar
vacuno
vadear
vado
vagar
vaguedad
vahído

vaho
vaina
vainilla
vaivén
vajilla
vale
valedero
valentía
Valentín
valer
valeriana
Valerio
valeroso
valía
validez
válido

valiente
valija
valioso
valor
valorar
vals
valuar
válvula
valla
valle
vampiro
vanagloria
vándalo
vanguardia
vanidad
vano

vapor
vaquero
vaqueta
vara
varadero
varar
variación
variar
variedad
varilla
varillaje
vario
varón
varonil
vasallaje
vasallo

vascuence
vascular
vaselina
vasija
vaso
vástago
vasto
vate
Vaticano
vaticinar
vaticinio
¡ vaya !
vecindad
vecino
veda
vedado
vedar
vedija
vega
vegetal
vegetariano
vehemencia
vehemente
vehículo
veintiuno
vejación
vejamen
vejar
vejestorio
vejez
vejiga
vela
velador
velamen
velar
veleidad
velero
veleta
velo
velocidad
velón
veloz
vello
vellón
velloso

velludo
vena
venado
Venancio
vencejo
vencer
vencimiento
venida
vendaje
vendaval
vendedor
vender
vendimia
vendimiar
veneno
venerable
veneración
venerar
venganza
vengar
vengativo
venia
venda
venidero
venir
venoso
venta
ventaja
ventana
ventarrón
ventear
ventero
ventilación
ventilador
ventilar
ventisquero
ventolera
ventorro
ventosa
ventrílocuo
ventura
venturoso
ver
veracidad
veraniego

verano
veraz
verbal
verbena
verbigracia
verbo
verbosidad
verdad
verde
verdugo
verdulero
verdura
vereda
veredicto
verga
vergel
vergonzante
vergüenza
verídico
verificar
verja
vermífugo
verosímil
verruga
versar
versículo
versificar
versión
verso
vértebra
vertebrado
verter
vertical
vértice
vertiente
vertiginoso
vértigo
vespertino
vestal
vestíbulo
vestido
vestigio
vestir
veterano
veterinario

veto
vetusto
vez
vía
viable
viaducto
viajante
viajar
viaje
viajero
vianda
viandante
viático
víbora
vibración
vibrar
vicaría
vicario
vicealmirante
Vicente
vicecónsul
vicepresidente
vicerrector
vicesecretario
viceversa
vicio
vicisitud
víctima
Víctor
Victoria
Victoriano
vicuña
vid
vidente
vidrio
viejo
viento
vientre
viernes
viga
vigente
vigésimo
vigía
vigilancia
vigilante

vigilar
vigilia
Vigo
vigor
vihuela
vil
vileza
vilipendio
villa
villancico
villano
villorrio
vinagre
vincular
vínculo
vindicar
vindicativo
vino
viña
viñeta
viola
violáceo
violado
violencia
violeta
violín
viraje
virar
virgen
Virgilio
virginal
virolento
virrey
virtud
viruela
virulencia
viruta
vis
visaje
visar
víscera
visco
viscoso
visera
visible

visigodo
visión
visionario
visir
visita
visivo
vislumbrar
viso
víspera
vista
vistazo
vistoso
visual
vital
vitalicio
vitela
vitorear
Vitoria
vítreo
vitrina
vitriolo
vitualla
vituperable
vituperio
viudez
viudo
¡viva!
vivacidad
vivamente
vivaracho
víveres
vivero
viveza
vivienda
viviente
vivificar
vivir
vivo
vizcaíno
Vizcaya
vizconde
vocablo
vocabulario
vocación
vocal

vocalizar
vocativo
vocear
vociferar
vocinglero
volante
volar
volatería
volátil
volatilizar
volcán
volcar
voltaje
voltear
voltímetro
voltio
voluble
volumen
voluminoso
voluntad
voluntario
volver

vomitar
vomitivo
vómito
voracidad
voraz
vos
vosotros
votar
votivo
voto
voz
vuecencia
vuelco
vuelo
vuelto
vuestro
vulcanizar
vulgar
vulgaridad
vulgo
vulnerable
vulnerar

X

xenófilo
xenofobia
xifoideo

xilófago
xilografía
xilórgano

Y

ya
yacer
yacimiento
yanqui
yantar
yarda
yegua
yelmo
yema
yermo
yerro

yesca
yeso
yo
yodo
yoduro
yugo
yugular
yunque
yunta
yute
yuxtaposición

Z

Zacarías
zafiro
zaga
zagal
zaguán
zaguero
zaherir
zambomba
zambra
zambullir
zanahoria
zancadilla
zanco
zancudo
zángano
zanja

zanjar
zapa
zapador
zapatería
zapatero
zapato
zar
zaragata
zaragatona
zaragüelles
zarcillos
zarpada
zarpar
zarpazo
zarza
zarzal

zarzamora
¡ zas !
zascandil
Zenón
zeta
zinc
¡ zis, zas !
zócalo
zoco
zodíaco
Zoilo
zona
zoología
zopenco
zoquete
zorcico

zorra
zorzal
zozobrar
zuavo
zueco
zulú
zumaque
zumbar
zumbido
zumo
zurcir
zurdo
zurrón
zutano

INDICE